文經閣

貧者因書而富
富者因書而貴

文經閣

貧者因書而富
富者因書而貴

國語

智慧名言故事

先秦經典智慧名言故事叢書

張樹驊◎主編

《國語》是以記言為主、分國記事的歷史名才。該書以諸侯國為單位敘述史實，起於西周穆王十二年（前九九〇年）西征犬戎，終於東周定王十六年（前四五三年）晉卿智伯被韓、趙、魏聯合所滅，前後共五百三十八年，分周、魯、齊、晉、鄭、楚、吳、越八語，共二十一篇。《國語》約成書於戰國時期，關於《國語》的作者一般認為是左丘明，西漢司馬遷在《史記·太史公自序》中說：「左丘失明，厥有《國語》。」三國時吳國的韋昭在《國語解敘》中也認為《國語》是左丘明所作，與《左傳》是姊妹篇。

國史詳錄

牟宗豔◎編著

導讀

《國語》是以記言為主、分國記事的歷史名著。該書以諸侯國為單位敘述史實，起於西周穆王十二年（前九九〇年）西征犬戎，終於東周定王十六年（前四五三年）晉卿智伯被韓、趙、魏聯合所滅，前後共五百三十八年，分周、魯、齊、晉、鄭、楚、吳、越八語，共二十一篇。

《國語》約成書於戰國時期，關於《國語》的作者一般認為是左丘明，西漢司馬遷在《史記・太史公自序》中說：「左丘失明，厥有《國語》。」三國時吳國的韋昭在《國語解敘》中也認為《國語》是左丘明所作，與《左傳》是姊妹篇。並對該書作了如下概括：「其（左丘明）明識高遠，雅思未盡，故復採錄前世穆王以來，下迄魯悼智伯之誅，邦國成敗，嘉言善語，陰陽律呂，天時人事逆順之數，以為《國語》。」

《國語》是我國第一部議論精闢、獨具史識的國別史。它透過對話的形式闡發政治、軍事、外交、經濟、文化等方面的內容，記載了我國春秋戰國時期的史實，在敘述歷史的過程中，留給後人許多警示。同時，該書的敘述又不缺乏文采，給後世的散文寫作提供了典範，如《邵公諫厲王弭謗》、《觀射父論絕地天通》、《叔向賀貧》等篇都被作為古代散文的樣板選入《文選》和《古文觀止》中，供人們學習、賞析。《國語》還保留了大量的名言警句，至今具有強大的生命力，如「楚才晉用」、「善有章，雖賤賞也；惡有釁，雖貴罰也」、「眾志成城」、「眾口鑠金」、「小丑備物，終必亡」、「人皆集於苑，己獨集於枯」等。它以其歷史性、文學性和思想性並重而在中國古代典籍中獨樹一幟。正因為如此，《國語》歷來為後人所重視。

現存最早、最完備的《國語》注本是三國吳韋昭的《國語解敘》，其後較為優秀的校注、考釋本有清代洪亮吉的《韋昭國語注釋》、董增齡的《國語正義》和近人徐元誥的《國語集解》等。上海古籍出版社一九七八年出版的《國語》校點本不但根據每篇中心內容冠以題目，而且吸收了前人的校勘成果；來可泓的《國語直解》則是簡體字的今注、今譯、評析解讀本，頗便閱讀。

本書的主要內容包括名言、要義和故事三個緊密相連的部分。

第一，關於名言。鑑於《國語》一書以歷史性為主、文學性和思想性並重的鮮明特點，我們從中選取了七十餘則反映歷史、蘊含哲理並具有一定教育意義的名言、警句。在內容上力求兼顧歷史性、文學性和思想性，盡可能使讀者全面瞭解《國語》，領會其歷史知識、思想內涵和優美文采。首先，《國語》涉及到了春秋戰國時期政治（含外交、軍事）、經濟、文化（含哲學、史學、教育、祭祀）等諸多方面。所以，我們在名言的選擇上，也力求廣泛涉及上述的多方面內容。一是政治思想方面，主要選擇以禮治國行事、以德修身、修內政親鄰國以及民本等諸多方面的名言；二是經濟思想方面，選擇介紹了我國古代的一些特定制度；三是文化思想方面，主要選擇了探究天人關係的哲學思想、「因體能質而利之者也」的教育思想以及音樂美學方面的有關內容。其次，《國語》中多錄諫言，有的引經據典，設譬取喻而正面說理；有的以行動強行諫阻，甚至以死相諫；有的正話反說。同是進諫，但不同的人在不同的時間、地點、情勢、環境之下採取不同形式以取得最好的效果，其中時代背景、人物性格、心理活動無不一一展現，剖析利弊、判別得失、陳說利害無不淋漓盡致。對此，我們給予了充分的重視。再次，《國語》長於記事，善於刻畫人物性格，塑造人物形象。如記敘驪姬亂晉的過程中，寫出了驪姬貌美心毒、口蜜腹劍、恃寵而驕；晉獻公貪權無智、昏庸不明；優施陰險狡詐、助紂為虐；中生僕人見微知著、富有遠見的鮮明形象。《國語》中類似的栩栩如生的人物還有很多，如齊桓公、管仲、晉文公、臧文仲、范文子、伍子胥等正面人物和榮夷公等反面人物，里克等充滿矛盾的人物，無不有血有肉地站立在人們面前。

第二，關於要義。對名言中的生僻字作簡要注釋，對部分沒有選用本書故事的名言作簡要今譯，並本著批判繼承的原則，簡述名言、警句發生的時代背景、涉及的人物和事件，並對其含義進行實事求是的評析，在尊重原意的基礎上說明其在現實生活中的借鑑意義，使「古」能夠為今所用。

第三，關於故事。鑑於《國語》本身豐富的史實價值，我們在故事的選擇上盡量採用本書中的故事，另外也選擇了其他一些能夠準確、生動地反映名言蘊含深意的故事，力求在要義評析的基礎上，透過講故事的形式，進一步闡明其意義，使得讀者在閱讀生動有趣故事的同時，更容易理解和接受這些名言警句所昭示後人的道理。

人類思想的發展是有延續性的，所以《國語》中這些涉及政治、經濟、文化，涉及道德修養、做人原則等許多方面的思想，對於生活在現代社會中的人們，仍然具有借鑑意義，仍然值得我們研究和珍視。對中國人自身的發展來講，這種研究有助於我們更好地認識社會，認識人生，有助於我們在進步的歷程中少走彎路。從世界文化發展的層面來講，在不同民族文化、不同文明頻繁碰撞、日益融合的今天，中國傳統文化也面臨著機遇與挑戰並存的局面，繼承發揚傳統精華，一個很重要也很有效的途徑，就是在青少年中擴大古代優秀典籍的影響，讓他們多讀經典作品，瞭解歷史，瞭解傳統，這樣才有可能建設有中國民族特色的文化。

基於《國語》自身的價值，也基於弘揚傳統精華的目的，編纂這本《〈國語〉智慧名言故事》就成為一件非常有意義的事情。我們在撰寫的過程中，力求介紹、挖掘、闡述《國語》一書的精華，力爭融學術性、通俗性於一體，將每一名言、要義、故事視為一個緊密相連的整體，讀後使人受到啟迪。在繼承的基礎上，弘揚和傳播中華民族的優秀傳統文化，這樣的工作並不容易，所以我們奉獻給大家的這本小書不可能盡善盡美。但是，我們希望這份努力能夠有助於您更深入地瞭解《國語》，瞭解書中所講的歷史、社會和人生。

本書如有疏漏和不足，懇請讀者批評指正。

《國語》智慧名言故事

先王耀德不觀兵

【名言】

穆王將征犬戎，祭公謀父諫曰：「不可。先王耀德不觀兵。夫兵戢而時動，動則威，觀則玩，玩則無震。……先王之於民也，懋正其德而厚其性，阜其財求而利其器用，明利害之鄉，以文修之，使務利而避害，懷德而畏威，故能保世以滋大。」

——《周語上·祭公諫穆王征犬戎》

【要義】

耀德，是指彰明美德，「耀」即明。觀兵，指炫耀武力，「觀」即顯示。夫，發語詞，無義。戢（戢音ㄐㄧˊ），意為聚集、收藏。威，指威力。玩，指輕慢，引申為濫用武力、窮兵黷武。震，指震懾力，使……懼怕。懋，指勉勵、鼓勵。厚，指敦厚淳樸。性，指性情。阜，指富、大、多。器，指兵器農具之類的東西。明，指闡明。鄉，指處所、地方。文，指禮法。滋大，指發展壯大，「滋」的意思是增益、加多。

約周穆王十年（前九六七年），西周穆王為了振興王業，想要征伐犬戎。祭公謀父以「先王耀德不觀兵」立論，表明為國者要以德服人，不可濫用武力，勸諫穆王不要攻打犬戎。

祭公「耀德不觀兵」的思想發軔於周公「以德配天」、「敬德保民」、「明德慎罰」的德治思想。後來孔子繼承其觀點，主張「為政以德」，他在《論語．為政》中說：「為政以德，譬如北辰，居其所而眾星拱之。」孟子則發展成為仁政思想，反對濫用武力。漢人在總結治國的歷史經驗時，以這一思想為基礎，提出「以德為主、以刑為輔」的治國方式，這一方式為以後歷代遵循，產生了深遠影響。另外，祭公在「耀德」的問題上，非常強調美德的修養，要求人們必須淨化內心世界，自覺抵制各種不良誘惑。對於一個國家來說，只有以內在的美好德行做基礎，才能得到人民持久的擁護和愛戴以及其他國家的友好和幫助，而強權和武力帶來的只能是仇恨和戰爭。

【故事】

西周時，周昭王南巡，勞民傷財，激起了人民的怨恨。楚人想了個辦法要懲治周昭王。他們在周昭王準備渡漢水的時候，讓昭王坐上一艘用膠水黏成的船。結果船到江中不多一會兒，膠便溶了，船身解體，昭王沉水而死。於是穆王即位。當時周王朝的國力衰弱，也得不到外族的尊重，已經五十多歲的穆王雖然年紀不小，但頗有雄心，一心想振興王業，便採用了窮兵黷武的政策，準備以犬戎沒有按時進貢為罪名去攻打它。

祭公謀父聽說這件事後，便勸諫穆公說：「大王啊，不可征伐犬戎！從前的聖王們都是彰明美德而不炫耀武力。如果平時聚集武力但只在必要時使用，那麼一動用就會顯示出威力而使別的國家敬畏順服；而如果輕易地炫耀武力，就是窮兵黷武，窮兵黷武就會失去原本應有的震懾作用。所以，周公在歌頌武王時說：『把那干戈都收藏，把那弓矢收進囊。我們將美德崇尚，廣施仁德於四方。永保祖上美德啊，真是賢明周王。』從前的聖王們對於百姓，總是勉勵他們修正德行，從而使民眾的性情敦厚；為他們擴大財源，使他們富有，而且使他們的器物用具都能得心應手；為他們明辨利害關係，用禮樂文治來教育他們，使他們能趨利避害，這樣他們才會感懷君王的恩德而畏懼君王的權威。這就是從前的聖王們的基業能世代相承，而且不斷壯大的原因啊！

「到了武王時，不但繼承了前人的美德，而且更加仁慈和善，百姓無不歡欣喜悅。而當時的商紂王卻為人民所痛恨，民眾不能忍受他的殘暴統治，都樂於擁戴武王。因此，武王才不得已而出兵討伐紂王。由此可見，先王使用武力，完全是因為憂慮民眾的疾苦，而為他們排憂解難、清除禍患呀！而在對待番邦的問題上，也是以我們的禮樂文德去感召、教化他們。

「現在，犬戎的兩位君長去世了，他們的繼任者已經按照禮制來朝見了天子。而大王卻要以沒有按時進貢為罪名去攻打它。這豈不是背棄了先王們的遺訓，敗壞了自己的美德嗎？這樣濫用武力肯定是要失敗的呀！」

面對祭公的諫勸，周穆王竭力為自己進行辯護。他認為自己使用武力是為了振興王業，所以是合乎道義的、是正確的。針對他的辯解，祭公又說：「區分正確地使用武力和窮兵黷武、濫用武力的時候有兩個標準需要遵循：一是看對百姓是否有利，能否解除百姓遭受的苦難，受到百姓的擁護；二是看是否遵守禮制，即看是否是正義的戰爭。現在這兩個條件我們都不具備啊！」

但穆王沒有聽從祭公的正確意見，還是執意出兵征伐了犬戎，結果大敗而歸，傷威毀信。從此以後，周圍的番邦再也沒有朝見周天子，周朝也就繼續衰落下去了。

小丑備物終必亡

【名言】

眾以美物歸女，而何德以堪之？王猶不堪，況爾小丑乎？小丑備物，終必亡。

——《周語．密康公母論小丑備物終必亡》

【要義】

女，通「汝」，你。堪，意思是承受。

小丑，指卑下的人物，「丑」有類的意思，不是指今天舞台上的小丑。

備物，即物備，指各種財物、美色豐富齊備。

意思為：這三個美麗的女子都歸你所有，你有什麼樣的德行來承受她們呢？天子尚且不能承受太多的美物，何況你這個小人物呢？作為一個小人物而去享受太多美好的東西，最終必定是自取滅亡。這段話講的是密國的密康公在伴隨周天子遊玩時，遇到三名來投奔他的女子，康公想把她們留下。康公的母親勸他不要這樣做。康公不聽，最終密國被周恭王滅掉了。

密康公母親的話雖然不長，但蘊含了深刻的哲理。她從其子康公得到三名女子而想自己留下享用的事中，敏銳地察覺到密國必亡。這是因為她不僅看到康公留下三名女子不符合禮制，而且看到在留下三名女子的背後，無窮的貪欲將會迅速地膨脹起來，腐蝕人的靈魂，吞滅人的理智，令人走向滅亡。密康公的母親的確有深刻的洞察力，貪得無厭、窮奢極欲的下場必定是走向滅亡。如晉朝的石崇，家財萬貫，住宅可與皇宮媲美，每餐必是山珍海味，但最終還是被殺於東市。所以，密康公母親的「小丑備物，終必亡」這句話告誡我們，切勿放縱情欲和物欲，貪得無厭而自取滅亡。

【故事】

西晉的晉武帝統一全國以後，沉湎於荒淫無度的生活之中。在他的影響下，大臣們都把奢侈當成體面的事。

在京都洛陽，當時有三個出名的大富豪，一是管禁衛軍的羊繡，一是晉武帝的舅父、後將軍王愷，還有一個是散騎常侍石崇。羊繡和王愷因為是皇帝的親戚，所以權力來得比石崇大，但是在財富方面卻比不上石崇，石崇的錢到底有多少誰也說不清。他的錢是哪裡來的呢？原來石崇當過荊州刺史，在這期間他加緊搜刮民脂民膏，而且還做過搶劫的勾當。有些外國商人經過荊州地面，石崇就派部下敲詐勒索，甚至公開殺人劫貨。

石崇到洛陽後，聽說王愷以富有出名，就想和他比一比。他聽說王愷家用糖水洗鍋，就命令自己家的廚房用蠟燭當柴燒。此事一傳開，大家都說石崇比王愷富。王愷為了炫耀財富，在他家門前的路兩旁，夾道四十里用紫絲編成屏障，誰要上他家，都要經過這四十里紫絲屏障。石崇為了壓倒王愷，用比紫絲更貴重的彩緞鋪設了夾道五十里的屏障。這一來，王愷又輸了一著。但是他不肯甘休，就向他的外甥——晉武帝求援。荒唐的皇帝覺得這種比賽很有趣，就把宮裡收藏的一棵兩尺多高的珊瑚樹送給王愷，好讓他炫耀一番。

王愷為了炫耀這棵珊瑚樹，大宴賓客，還特意請了石崇。在宴會上，王愷得意地說：「我家有一棵罕見的珊瑚樹，請大家觀賞。」他命侍女把樹抬出來。這棵珊瑚樹高兩尺，長得枝條勻稱，色澤粉紅鮮豔，大家看了讚不絕口，都說是罕見的寶貝。石崇則在一旁冷笑，他看到案頭有一支鐵如意，就順手抓起，朝著珊瑚樹砸去，「噹啷」一聲，把珊瑚樹砸得粉碎。周圍的人大驚失色，主人王愷更是惱怒，他氣急敗壞地問石崇：「你這是幹什麼？」石崇傲然地回答說：「您不用生氣，這樣的樹我能賠給您。」王愷又是痛心，又是生氣，說：「好，我等你賠給我。」

石崇立刻讓隨從回家去，把他家的珊瑚樹統統搬來，讓王愷挑選。不一會兒，一群隨從回來，搬來幾十株珊瑚樹。這些珊瑚樹中，三、四尺高的就有六、七株，大的竟比王愷的那棵大上一倍，條幹挺秀，光彩照人。周圍的人都看呆了，王愷也是目瞪口呆，只好承認石崇比自己富有得多。這場比闊鬧劇就這樣結束了，石崇的豪富則名震洛陽。

當時有一位正直的大臣傅咸，針對這件事向晉武帝上了一道奏摺。他說，這種嚴重的奢侈浪費，對國家的危害比天災還要大；現在這樣比闊氣，不但沒被處罰，還被認為是榮耀的事，這樣會在全國上下形成奢侈無度的風氣，不利於國家的發展，不利於國力的增強。晉武帝看完奏章之後，置之不理，因為他也一樣喜歡奢侈無度的生活。他為了滿足自己的貪欲，加緊搜刮人民，造成民不聊生、國將不國的局面。西晉王朝一開始就形成腐敗的社會風氣，所以國家沒有多久就滅亡了。

防民之口，甚於防川

【名言】

防民之口，甚於防川。川壅而潰，傷人必多，民亦如之。是故為川者決之使導，為民者宣之使言。

——《周語上・邵公諫厲王弭謗》

【要義】

甚，嚴重、厲害。壅，堵塞。潰，指潰決、決堤氾濫。

為川者，指治水的人。為，治的意思，下文「為民者」中的「為」也是這個意思。

決，疏導、疏浚。導，流通的意思。宣，啟發、啟示的意思。

這段話的意思是：堵住民眾的嘴巴，其危害性比堵住河流的水還要嚴重。河流的水堵塞時間長了，堤壩就會崩潰並造成水災，傷及很多人。而對百姓的言論堵塞時間長了，其結果可能也是一樣，國家就危險了。所以，治水的人應該疏浚水道，使水暢流，而治理民眾的人應該啟發他們，讓他們說話。

周厲王當政期間（前八七八—前八四二年），任用榮夷公等人實行獨佔山林川澤的「專利」政策，激起國人的強烈不滿，人們紛紛抨擊弊政。厲王又派衛巫等人監視國人，嚴禁談論國事，一經告密，即行殺戮。國人在厲王的白色恐怖下，只能在道路上以目光示意而不敢說話。在這種情況下，邵公規諫周厲王不要用高壓手段來壓制輿論。

邵公勸諫厲王的中心思想是應該如何對待民眾的輿論，是壅還是導，是歡迎還是壓制。從邵公的話中，我們可以瞭解到以下三方面的意思：

其一，就我國古代的大多數統治者而言，是非常重視民眾輿論的。

其二，在對待民眾輿論方面，邵公主張疏導，啟發民眾把心裡的真話、實話說出來，讓人說話，天不會塌下來；而採取「壅」的辦法，不讓人說話，才會帶來真正的災難。

其三，當政者應該具有寬廣的胸懷，禮賢下士，不恥下問，認真地聽取、接受民眾的意見。所以，廣泛聽取民眾的意見，是為國當政者應該永遠記取而且身體力行的。

【故事】

在周成王、周康王統治的時期，社會較為穩定，人民也大多安居樂業。後來，由於奴隸主貴族們加重了剝削，加上不斷發動對外戰爭，平民和奴隸的不滿情緒也隨之增長。但周朝的統治者還是對人民採取了十分嚴酷的刑罰。周穆王的時候，制定了三千條刑法，犯法的刑罰有五種，叫做「五刑」，其中包括刺字、割鼻、砍腳等等。

後來，周厲王即位，更變本加厲。周厲王是一個十分暴虐的君主，而且貪得無厭。他寵信一個名叫榮夷公的大臣，實行了他提出的所謂「專利」政策，也就是說由厲王霸佔了一切湖泊、河流的所有權、使用權，不准平民利用這些資源謀生。他們還變相勒索百姓財物，想方設法虐待人民。

那時候，住在野外的農夫叫「野人」，住在都城裡的平民叫「國人」。周朝都城鎬（鎬音ㄏㄠˋ）京的國人對厲王的暴虐措施怨聲載道。卿士邵公聽到國人的議論愈來愈多，就趕緊跑進宮去告訴厲王說：「百姓忍受不了這種暴虐的政令啦，他們都很不滿，大王如果不改變做法，會出亂子的。」厲王大怒，於是下達了一道命令，禁止國人批評朝政。還從衛國找到一名巫師，命令他監視國人和大臣，看哪些人敢於指責天子。只要衛巫一報告，厲王就把被告發的國人和大臣殺掉。一時間白色恐怖籠罩了鎬京，使得人人自危。在這樣的壓力下，國人真的不敢在公共場合議論了。人們在路上碰到熟人，也不敢打招呼交談，只用目光示意一下，便匆匆走開了。

厲王很高興，便對邵公說：「我能平息謗言了，現在不是已經沒有人議論了嗎？」

邵公說：「唉，這不過是堵住民眾的嘴巴罷了。堵住民眾的嘴巴，不讓老百姓把心裡話說出來，其危害性我看比堵住河流的水還要嚴重。河流的水堵塞時間長了，一旦崩潰，就會造成水災，傷及很多人。而對百姓的言論堵塞時間長了，其結果可能也是一樣，國家就危險了。所以，治水的人應該疏浚水道，使水暢流，而治理民眾的人應該啟發他們，讓他們說話。民眾心裡考慮的事，在嘴裡流露出來，這是很自然的，怎麼可以強行阻止呢？硬堵住河流，河流會決口；硬堵住人的嘴，是要闖大禍的呀！」

厲王不以為然，認為邵公純屬沒事找事，一點都沒聽進去。邵公雖然心裡著急，但也是無計可施，只好退下。

周厲王和大臣榮夷公的暴政愈來愈厲害，過了三年，國人實在是忍無可忍了，終於爆發了一次大規模的暴動，攻佔了皇宮，把厲王流放到了一個叫彘（彘音ㄓˋ，今山西霍縣東北）的地方。由於朝廷沒有了君王，西元前八四一年，西周由周公、邵公聯合執政，改為共和行政元年，這是我國歷史上有確切紀年的開始。這樣維持了十四年之後，周厲王在彘地死了，周宣王即位。宣王雖然在政治上比較開明，得到了諸侯的支持，但是，經過這一場國人暴動，周朝的國力已經被大大削弱，再也興盛不起來了。

專利多害

【名言】

夫利，百物之所生也，天地之所載也，而或專之，其害多矣。天地百物，皆將取焉，胡可專也？……今王學專利，其可乎？匹夫專利，猶謂之盜，王而行之，其歸鮮矣。榮公若用，周必敗。

——《周語上・芮（音ㄖㄨㄟˋ）良夫論榮夷公專利》

【要義】

百物，指世間萬物。匹夫，古代指平民中的男子。歸，歸附的人。鮮，少的意思。用，指用事，即當政、任用。

這段話的意思是：世間的利益是從萬物中產生出來的，是天地化育而成的，如果有人要壟斷它，害處可就太大了。而且天地中的萬物，人人都可以取用，怎麼能夠壟斷呢？……現在您壟斷財物，實行專利，這怎麼可以呢？一般百姓如果獨佔財利，尚且會被稱為強盜；您作為一國之君，如果推行這種專利政策，那麼歸附您的人就會愈來愈少，您的勢力就會愈來愈單薄。榮夷公如果繼續被重用，周朝的事業一定會衰敗的。

周厲王要任用榮夷公去壟斷山林川澤，與民爭利。大臣芮良夫認為：世界上的萬物是人民的衣食之源和生活之資，人人都可以享用。國王應為民眾廣開財源，施利於民，才能長治久安。如果加以壟斷，奪民衣食，將會使民怨沸騰，導致敗亡。所以，芮良夫向周厲王進行勸諫，但周厲王不聽，仍重用榮夷公實行專利，最終被憤怒的國人流放了。

如何正確的看待財利，如何正確的對待國君私利與天下之共利，一直是治國當政者需要鄭重看待的問題。芮良夫反對專利的思想無疑是正確的，這一思想為後來的儒家所繼承和發展，形成了以義為利、藏富於民、不與民爭利的主張，並認為財散則民聚，財聚則民散，這是事業成敗、國家興亡的關鍵所在。但是歷史上不少人卻是見利忘義，貪得無厭，並往往因此激起民怨而國破身亡，周厲王就是一個典型的例子。

【故事】

周厲王不但暴戾專橫，而且貪得無厭。有一天，大臣榮夷公投其所好地對他說：「大王啊，您是萬物萬民之主，這世間的一切都是您的。現在有些國人在您的山上砍柴，在您的湖中捕魚，卻不向您獻上供奉，這怎麼可以呢？」

周厲王一聽又有了生財之道，忙問：「那你說應該怎麼辦呢？」

榮夷公說：「依臣下看，應該施行專利政策，把一切山林、湖泊、河流讓官兵管理起來，不准平民隨便利用這些資源謀生。如果他們要用，就讓他們交錢。」

周厲王大喜，就任用榮夷公去壟斷山林川澤，實行所謂的「專利」。周都鎬京的國人對厲王的這一暴虐措施無不怨聲載道。

大臣芮良夫聽到這個消息後，忙去勸諫周厲王說：

「大王啊，周王室大概就要衰微了！這世間的利益是從萬物中產生出來的，是天地化育而成的，如果有人要壟斷它，那麼害處可就太大了。而且天地中的萬物，人人都可以取用，怎麼能夠壟斷呢？獨佔所有的財物利益，一定會激怒很多人，更可怕的是，榮夷公不知道這樣做的大害，不知道有所顧忌而和手下人一起肆意妄行，這就更增加了危險性。用這種辦法來輔佐、引導大王，大王的統治大業能長久嗎？做國君治理天下，要有寬廣的胸懷，要為天下百姓著想，要廣開財源，使上上下下的人都能得到益處。使神明、百姓和天地萬物都得到他們應該得到的。賢明的君主即使能做到這些，還是誠惶誠恐，唯恐做得不夠好。所以《詩經．周頌．思文》中講：『這個有文德的后稷，功德能夠配享上天，教導萬民種出穀物以生存，人民無不蒙受您的大德。』《詩經・大雅・文王》篇中也說：『文王將財利恩惠施給人民，開創周朝的王業。』后稷和文王不是施恩惠給人民，卻仍舊心存戒慎恐懼之心嗎？所以他們才能開創王業，延續至今。今天您卻不但不為天下百姓謀福利，反倒壟斷財物，這怎麼可以呢？一般百姓如果獨佔財利，尚且會被稱為強盜；您作為一國之君，如果推行這種專利政策，那麼歸附您的人就會愈來愈少，您的勢力就會愈來愈單薄。榮夷公如果繼續被重用，周朝的事業一定會衰敗的。所以，我認為大王一定要罷免榮夷公，廢除專利政策呀！」

但周厲王正沉浸在獲取財利的喜悅中，怎麼會聽得進去呢？所以他仍舊任用榮夷公為卿士。結果，周王室眾叛親離，失去人民的支持，諸侯也都不來朝覲和進獻供奉。後來，周厲王也被流放到彘地。

民之大事在農

【名言】

夫民之大事在農，上帝之粢盛於是乎出，民之蕃庶於是乎生，事之供給於是乎在，和協輯睦於是乎興，財用蕃殖於是乎始，敦厖純固於是乎成，是故稷為大官。

——《周語上・虢文公諫宣王不籍千畝》

【要義】

粢盛（粢音ㄗ），指祭祀時供奉上帝的穀物。

蕃庶，意思是繁殖人口。蕃同「繁」。庶，意為眾多。事，指政事，即政府的財用。

輯睦，意為和睦。興，意為興起、形成。敦厖（厖音ㄇㄤˊ），意為敦厚、龐大。稷，本是指糧食作物黍，古時以之為百穀之長，故後來以稷指代農官之長。大官，指農官的職位重要。這段話的意思是：農業對於民眾來說是最大的事，祭祀上帝的供品靠它生產出來，民眾繁育生長賴它提供生活材料，政事經費靠它保障，同心和睦的局面由此才會形成，國家財富的增長也以此為基礎，堅實強大的國力由此奠定，所以農官的責任是很重大的。

周是一個重農的民族，形成了天子親耕籍田的制度。當周宣王廢棄籍田制度時，虢（虢音ㄍㄨㄛˊ）公進行了勸諫，他不但闡明了農業在國民經濟、社會生活中的基礎地位，還敘述了周朝的重農傳統和天子籍田儀式的過程，最後指出了廢除籍田之禮的危害。但周宣王不聽，最終導致了國力的衰弱。

「籍田」是指古代的帝王在春耕前，進行象徵性的親耕儀式，為民眾做出榜樣。《說文》上說：「帝籍千畝者，使民如借，故謂之籍。」這就是說，籍田的本意是指借助民力，為帝王耕田。《毛詩．載芟（芟音ㄕㄢ）》篇中說「春籍田而祈社稷也」。這說明「籍田」作為古代的制度和禮儀，一方面可以使天子繼承重農傳統，另一方面也可以為官民做出表率，鼓勵官民重視農業，發展農業。這件事一方面告訴我們古代的重農傳統；另一方面記敘了天子籍田的儀式，為後人保留了珍貴的史料。其中，重農重本、不要輕易放棄那些行之有效的制度、要有與民同甘苦的思想等內容對我們今天仍有借鑑的意義。

【故事】

周宣王即位以後，廢棄了天子親耕籍田之禮制。

卿士虢文公勸諫說：「農業對於民眾來說是最大的事了，祭祀上帝的供品靠它生產出來，民眾繁育生長賴它提供生活材料，政事經費靠它保障，同心和睦的局面由此才會形成，國家財富的增長也以此為基礎，堅實強大的國力由此奠定，所以農官的責任是很重大的。古時候，太史按時視察土情，看到日照時間增長了，凍土開始回暖，就知道快要立春了，可以開始農業生產了。立春之前的九天，他會去告訴農官，說：『再有九天，就可以抓緊時機翻耕土地了。』農官據此向天子報告，說：『太史通知我們主管農事的說：離開耕還有九天，土地全都可以翻動了。所以恭請我王行親耕、籍田之禮，督促農事，不誤農時。』於是，天子會命令司徒告知三公、九卿、百官和平民做好準備，命令司空在籍田上建造祭壇，命令農大夫通知農夫們準備好農具。

「立春之前五天，樂師報告有融融的春風吹來，天子和群臣們要齋戒三天。到了祭祀那一天，天子會率領群臣、平民先到宗廟中祭祀農神，然後到天子的籍田上行籍田之禮。天子在太史的引導下，恭恭敬敬地單獨耕地一尺，表示親耕。然後三公們耕三尺，九卿們耕九尺，大臣們按官職的高低依次耕作，最後由平民耕完千畝的籍田。然後，由大農官檢查，太史進行監察；由司徒核查參加籍禮的人數，太師進行監察。完畢之後，還會陳設宴席，天子與公、卿、百官、平民一起進食。

「籍田這一天，大農官會命令眾人說開始籍田之禮，接著農師第一、農正第二、后稷第三、司空第四、司徒第五、太保第六、太師第七、太史第八、宗伯第九依次耕田，然後天子履行親耕儀式。民眾們也都揮動農具，恭敬謹慎地從事農業勞動。這樣，就預示著國家財用充足，百姓安居樂業。

「當時，天子把農業看成是唯一的大事。不要求官員去做別的事情而干擾農業生產。執行著春、夏、秋三季務農、冬季農閒習武的制度。這樣，就會形成群臣勤勉，人民生活優裕、訓練有素的局面，使國家在出師征伐時戰無不勝，守國安邦時財用充足，從而獲得人民的擁戴。

「現在您繼承了先王的大業，卻廢棄了先王賴以成就功業的農事，致使群臣不務正業，民眾的財源堵塞，君王您將依靠什麼來向神靈祈福，又依靠什麼來役使民眾呢？」

周宣王不聽規勸。後來，周王室的軍隊被姜氏之戎的軍隊打得大敗。

令不可不順

【名言】

不順必犯，犯王命必誅，故出令不可不順也。令之不行，政之不立，行而不順，民將棄上。

——《周語上·仲山父諫宣王立戲》

【要義】

不順，意為不合情理，指違反嫡長子繼承制。

犯，違逆、違背之義。

誅，誅殺。棄，拋棄、背叛。上，指君主。

這段話的大意是：不可以立戲為太子。大王違背嫡長子繼承制的命令不合情理，魯人一定會違背王命，違背王命的一定要被誅殺，所以發佈命令不可以不符合情理。下達的命令行不通，政事就無法建立，勉強執行而不合情理，人民就將拋棄自己的君主了。

周宣王十一年（前八一七年），魯武公率領長子括、幼子戲去朝見周宣王。周宣王喜歡戲，欲立戲為魯太子，這是違反我國古代的嫡長子繼承制的。卿士樊仲山父預見到這種做法將會種下禍亂的種子，便加以勸阻。就當時的歷史條件而言，樊仲父反對廢長立幼，對於排除人為製造的糾紛、維護安定的政治局面是有積極作用的。

在我國，從夏傳子的家天下開始，王位採取皇室成員的世襲制，一般是「父死子承、兄終弟及」。商殷時，逐步確立了嫡長子繼承制。西周時進一步確立了這一制度。在王位繼承的問題上，嫡長子繼承是否好，廢長立幼是否壞，這要針對具體問題具體分析。既不能拘泥於立嫡立長，也不能根據個人好惡廢長立幼，應該從國家的利益出發選出德才兼備的人來治理國家，而仲山父的話正是基於以大局為重的立場來勸諫周宣王的。這種事也為我們今天瞭解古代皇位傳承方面的情況留下了珍貴的史料。

【故事】

司馬昭滅了蜀漢之後，還沒有來得及攻打東吳，就病死了。他的兒子司馬炎把掛名的魏元帝曹奐廢了，自己做了皇帝，建立了晉朝，這就是晉武帝。晉的都城在洛陽，歷史上把這個朝代叫做西晉。晉武帝咸寧六年（二七九年），晉朝消滅了東吳，統一了全國。

說來也奇怪，晉武帝司馬炎和他的祖父司馬懿、伯父司馬師、父親司馬昭一樣，都是善於玩弄權術的聰明人，可是他的兒子——太子司馬衷偏偏是個什麼也不懂的傻瓜。朝廷上下都非常擔心，要是晉武帝一死，讓這個低能兒當了皇帝，不知道會鬧出什麼樣的亂子來。所以就有些大臣想勸晉武帝廢除太子，但又不敢明說。

有一天，在晉武帝舉行宴會的時候，大臣衛瓘假裝喝醉了，躺倒在晉武帝的御座前面，用手撫摸著座位，嘴裡含糊不清地說：「這個座位真是太可惜了！」晉武帝馬上明白了他這話的意思，也理解他的一片苦心，但是他又不想讓大臣們插手王位繼承人的問題，於是就假裝沒聽懂，大聲呵斥道：「你在胡說些什麼，是喝醉了吧？」接著，吩咐侍從把衛瓘扶起來送回了家。從那以後，誰也不敢向晉武帝再提這件事了。

晉武帝畢竟也有點猶豫，自己的長子到底能不能勝任治理國家的重擔呢？於是他想試一試兒子到底糊塗到什麼程度。有一天，他特地送給太子一卷文書，裡面提出了幾件公事，要太子處理。太子的妻子賈妃是個機靈的女人，見到這卷文書，連忙把宮裡的老師請來，讓他替太子回答。

那位老師很有學問，寫出一份卷子，引經據典，答得頭頭是道。賈妃看了很滿意，旁邊有個略通文墨的小太監提醒她說：「這份卷子好是好，只怕有些太好了。皇上明知太子平常不大讀書，現在寫出了這樣一份卷子，怎能不讓他懷疑呢？萬一查究起來，也許就把事情弄巧成拙了。」

賈妃說：「對呀，幸虧你提醒這一點，那麼還是你來另寫一份吧。」

那個小太監就另外起草了一份粗淺的答案，讓太子重抄了一遍，送給了晉武帝。晉武帝一看，卷子雖然寫得不高明，但還算是有問必答，可見太子雖然沒有什麼突出才能，但頭腦還算清楚。晉武帝心想，算了，能將就的就將就算了，到時再多命幾個人幫助他就是了。

晉惠帝永熙元年（二九〇年），晉武帝得病死了。太子司馬衷即位，這就是晉惠帝。晉惠帝即位以後，國家政事他一件也管不了，倒是鬧出了不少笑話。有一年，各地鬧飢荒，地方的官員把災情報到朝廷裡來，說災區的老百姓餓死的很多。

晉惠帝就問大臣們說：「好端端的人怎麼會餓死呢？」

大臣們回答說：「當地鬧飢荒，沒有糧食吃。」

惠帝突然靈機一動，說：「為什麼不讓他們多吃點肉粥呢？」

大臣們聽了，個個目瞪口呆，不知如何回答才好。西晉出了這麼一個白癡皇帝，不久就衰落亡了。

肅恭明神而敬事老

【名言】

肅恭明神而敬事耇老，賦事行刑，必問於遺訓而咨於故實；不干所問，不犯所咨。

——《周語上・穆仲論魯侯孝》

【要義】

耇（耇音ㄍㄡˇ），指老年人。賦，頒佈。問，詢問，可引申為依據、根據。咨，諮詢。故實，指過去的成例。干犯，二者為互文，均有冒犯違背的意思。

這段話的大意是說，魯侯能嚴肅恭敬地奉事神明，恭敬誠篤地奉事長老；頒佈政令，執行刑罰前，必定根據先王的遺訓，並且諮詢過去的成例，從不違背先王的遺訓和從前的成例。

周宣王想在諸侯之中挑選一位道德高尚的人來做諸侯之長。樊穆仲推薦魯孝公，說他可以擔任諸侯之長，他的著眼點在於「魯侯孝」。

孝是我國的傳統美德，其核心的內涵是孝親尊上，由親親而尊尊。孔子把「孝」作為實踐人文倫理的起點，他說：「孝悌也者，其為仁之本歟。」（《論語‧學而》）給予孝高度的評價。孟子則進一步擴大了孝悌的價值，說：「堯舜之道，孝悌而已。」（《孟子‧告子下》）由於孝在宗教倫理、政治倫理方面的重要地位，所以樊穆仲以為「魯侯孝」是他可以為諸侯之長的根本條件。對於當代人來說，雖然孝在內涵上發生了一些變化，傳統中封建的東西必須剔除，但是孝親尊上，不忘自己之所以長大成人，立足社會，是因為父母的養育、長輩的教誨，事父母以孝，事長上以尊，這些思想都仍值得我們今天汲取借鑑，並應該身體力行，在實際生活中堅持並發揚「孝」的美德。

【故事】

感父母養育之恩和孝敬父母長輩是我國自古以來就為人們非常重視的傳統美德。中國傳統社會非常講究「孝」，並有許許多多孝敬父母長輩的故事流傳至今，讀來仍舊感人至深。

在我國清朝康熙年間，浙江平湖有一個叫陸隴其的人中了進士，做過嘉定知縣，後來因事罷官回家。康熙十七年（一六七八年），朝廷詔選博學鴻儒，他便應詔赴京，但是還沒來得及參加，就得到父親病逝的消息，於是馬上回家奔喪，並日夜為父親守靈。

康熙二十二年（一六八三年），陸隴其得到一個機會，成為直隸靈壽縣的知縣。有一天，有一個老婦人來到堂上，控告自己的孫子。她說自己的兒子和媳婦被強盜殺害了，只剩自己與孫子相依為命，但是孫子卻忤逆不孝。陸隴其叫人把她孫子帶上堂來一看，她孫子才十二、三歲的樣子，還是個沒成年的少年，陸隴其心想：這孩子是因為沒有受到適當的教育，才不懂得孝敬長輩的道理。於是他就對老婦人說：「現在我這個衙門中缺一個處理雜活的人，反正妳的孫子也不孝順，就先讓他留在我這裡服役一段時間，等有人代替他，我再讓他回去。」

於是，陸隴其就讓這個少年跟在他身邊服務，不准隨便離開。這少年看到，每天清晨，陸隴其在母親陸老夫人沒起床以前就已經站在門外守候了。陸老夫人起床後，陸隴其就趕緊照顧老人洗漱，並親自送來早點。到吃午飯的時候，他守候在飯桌旁，把好吃的都拿給母親吃，還想法哄著老人家高興。母親吃完飯後，陸隴其才吃飯。到晚上，陸隴其辦完公事，就來陪母親聊天，說說今天發生的趣事，或者說說民間軼事，讓老人家開心。如果陸老夫人身體稍有不適，陸隴其就忙前忙後地端茶送藥，夜裡常常守在母親身邊。陸隴其這樣無微不至地照顧母親，從沒感到厭煩。

那個被罰差役的少年跟著陸隴其幾個月，每天看著他這樣照顧他的母親陸老夫人，很感動也很慚愧。有一天，他忽然跪在陸隴其面前，請求回去看望自己的奶奶。陸隴其說：「你們祖孫經常吵架不和，你回去看她做什麼？」

少年說：「我以前不知道做人的道理，更不知道為人子女的道理，現在從您的身上我才學到了為人子女應該孝敬長輩。我真是後悔自己以前的所作所為，所以我希望回去對奶奶盡孝。」

陸隴其感到十分欣慰，其實，他把這孩子留在身邊，目的也就是讓他學習做子女的應該如何孝敬老人。於是，他又對這個孩子語重心長地說：「奶奶一個人撫育你，是多麼不容易啊！你長大了，就應該知道盡孝。」

然後，陸隴其派人把他奶奶接來，這孩子見到奶奶，含淚撲向奶奶懷抱，並向奶奶承認了自己以往的過錯。做奶奶的見孫子變了，也感動地哭起來。祖孫二人拜別了陸隴其，回家過起了幸福的生活。

伯陽父論周將亡

【名言】

周將亡矣！夫天地之氣，不失其序；若過其序，民亂之也。陽伏而不能出，陰迫而不能烝，於是有地震，今三川實震，是陽失其所而鎮陰也。陽失而在陰，川源必塞；源塞，國必亡。夫水土演而民用也。水土無所演，民乏財用，不亡何待？

——《周語上．西周三川皆震伯陽父論周將亡》

【要義】

氣，指陰陽二氣。序，指次序、序位。過，失去、混淆的意思。烝，升、升騰。鎮，被……填塞。演，潤濕。

這段話的意思是：周朝快要滅亡了！天地間充盈的是陰、陽二氣，陰、陽二氣不可錯失它們運動的次序；如果次序錯失了，民眾就會大亂。陽氣潛伏著不能出來，陰氣壓迫陽氣使其不能升騰，於是就發生了地震。現在涇、渭、洛三條河流都發生了地震，這是陽氣失去應有的位置而被陰氣所堵塞的結果。陽氣失位而處在陰氣的位置上，河流的源頭一定會被堵塞。河源被堵塞了，國家一定會滅亡。水行土中，滋潤萬物，才能使民用富足；水流不暢，土地乾枯，百姓的財用就會缺乏，國家不滅亡還等待什麼呢？

周幽王二年（前七八〇年），周朝的涇水、渭水、洛水地區發生了地震災害，這是一種自然災害。但由於古代科學不發達，不能正確認知這類自然災害，所以往往把它與人事聯繫起來。掌管律曆、天文的太史伯陽父認為這是天的警示，是政事不修的緣故，是國家即將滅亡的預兆。

客觀的講，伯陽父對地震成因的分析是不科學的，水源堵塞也未必能導致國家滅亡，他的這種論斷是具有時代侷限性的。但是我們也應看到這件事情的另一面，即他在王權至上的年代，出於良好的願望，藉用自然界的災異來限制君王的不修德政，使之棄惡從善，這是有進步意義的。就伯陽父的論述而言，是充滿理性色彩的。他認為，充盈於天地之間的是互相牽制、運動著的陰陽二氣，陰陽二氣在互相牽制、運動過程中有其「序」，「過其序」就會失去平衡而爆發大亂，從而提醒統治者要注重各種矛盾的平衡，不能一意孤行。

這種帶有樸素唯物論和辯證法色彩的陰陽學說構成了中國哲學的源頭之一。

【故事】

周幽王二年（前七八〇年），周的涇水、渭水、洛水地區發生了地震災害，朝野上下都很恐慌。周幽王就把太史伯陽父叫來，問他說：「現在涇、渭、洛三條河流都發生了地震，這是什麼緣故呢？」

太史伯陽父說：「這大概是周朝快要滅亡的預兆吧。天地間充盈的是陰、陽二氣，陰、陽二氣不可錯失它們運動的次序；如果次序錯失了，民眾就會大亂。陽氣潛伏著不能出來，陰氣壓迫陽氣使其不能升騰，於是就發生了地震。現在涇、渭、洛三條河流發生了地震，這是陽氣失去應有的位置而被陰氣所堵塞的結果。陽氣失位而處在陰氣的位置上，河流的源頭一定會被堵塞。河源被堵塞了，國家一定會滅亡。水行土中，滋潤萬物，才能使民用富足；水流不暢，土地乾枯，百姓的財用就會缺乏，國家不滅亡還等待什麼呢？從前伊水、洛水枯竭後，夏朝就滅亡了；黃河枯竭後，商朝就滅亡了。現在周朝的情況就像夏、商兩代的末世一樣，河流的源頭被堵住，涇水、渭水、洛水三條河都要枯竭了。這是亡國的預兆呀！」但周幽王並不相信太史伯陽父的話。

這一年，涇水、渭水、洛水三條河流果然枯竭了，周幽王也沒把這件事放在心上，依舊是什麼國家大事也不管，只知道吃喝玩樂，還打發人到處找美女。有一位大臣叫褒珦（珦音ㄒㄧㄤˋ），又來勸諫幽王，周幽王不但不聽，還把褒珦抓進了監獄。褒珦在監獄裡被關了三年，可把褒家給急壞了。他們在鄉下買了一名漂亮姑娘，教會她跳舞唱歌，把她打扮起來，取名叫褒姒（姒音ㄙˋ），獻給周幽王，算是替褒珦贖罪。周幽王得了美若天仙的褒姒，高興得不得了，就把褒珦給放了。

周幽王十分寵愛褒姒，可是褒姒自從進宮後，就沒有開過一次笑臉。周幽王想盡辦法讓她笑，但她就是怎麼也笑不出來。這下又把周幽王給急壞了，於是就對眾人說，如果有誰能讓王妃娘娘笑一下，就賞給他一千金。這時有個叫虢石父的馬屁精，給周幽王出了個鬼主意。

原來，周王朝在驪山修建了二十多座烽火台，綿延幾十里，是用於西戎進攻時，召喚附近諸侯派兵來救的。虢石父對周幽王說：「現在天下太平，烽火台也長久不用了。如果到了晚上點起烽火，讓附近諸侯趕來，娘娘見這許多兵馬上了大當，管保會笑的。」結果周幽王果然用這個法子讓褒姒開顏一笑，但同時也讓諸侯們差點氣炸了肚子。後來，西戎真的來攻打周朝時，儘管烽火台上整日點著烽火，卻沒有一路諸侯來救援。周幽王被西戎兵所殺，西周也就滅亡了，太史伯陽父的論斷得到了證實。

子頹樂禍

【名言】

今吾聞子頹歌舞不息，樂禍也。夫出王而代其位，禍孰大焉！臨禍忘憂，是謂樂禍。禍必及之，盍納王乎？

——《周語上·鄭厲公與虢叔殺子頹納惠王》

【要義】

樂禍，指以災禍為快樂。孰，哪一個、誰。盍（盍音ㄏㄜˊ），何不。

這段話的意思是：我聽說子頹歌舞不息，這是以禍為樂呀！驅逐了君王而取代了君位，還有比這更大的災禍嗎？面臨災禍而忘記了應該保持憂患、謹慎之心，這就是以禍為樂，災禍一定會落到他們頭上的。看來子頹的禍事就在眼前了，我們何不送惠王回國復位呢？

周惠王三年（前六七四年），惠王的叔父子頹在三大夫的幫助下推翻了惠王並取而代之，惠王逃到了鄭國。後來鄭厲公見子頹驕奢淫逸，以禍為樂，便擁兵奉惠王返回了洛邑，殺了子頹和三大夫，使惠王得復天子位。

子頹推翻了惠王而取代之，成為新的君王，這在春秋時期是很平常的一件事。假如子頹能以此為起點，修德律己，尊重賢才，團結大臣，他不但可以保住君王之位，還很有可能成就一番事業。但事實上，子頹即位便以為大權在握，可以為所欲為，「臨禍忘憂」，放縱享樂，而「禍必及之」，終被鄭厲公、虢叔所殺。歷史以活生生的現實告訴我們「逸樂足以亡身」，怎能不使我們警戒呢？在現實生活中，我們應該常懷謹慎、憂患之心，時刻注重奮發努力，取得一些成績也要以此作為新的起點去追求更大的成功。切忌取得一點小成績便沾沾自喜，故步自封，不思上進；而放縱自己，耽於聲樂，則更是走向滅亡的開始了。

【故事】

從前，周莊王有一位愛妾名叫姚姬，姚姬生了個兒子叫子頹。周莊王非常寵愛子頹，對他可以說是有求必應，所以子頹從小就養成了驕橫、奢侈的習慣。他喜歡養牛，曾經養了數百頭牛，他不但親自餵牠們，還給牠們披上綾羅綢緞。出去玩的時候，便和隨從們一起乘牛而行，四處踐踏農田，毫無顧忌。而且子頹在暗地裡還與他的師傅大夫子國以及大臣邊伯、石速等勾結，做了不少壞事。

魯莊公十八年（前六七六年），子頹的姪子周惠王即位。子頹仗著自己是天子的叔父，愈發橫行霸道。周惠王對他非常厭惡，無奈他的黨羽甚多，想治他的罪也很難下手。於是，周惠王便想先翦除其羽翼，藉重修王宮的機會，剝奪了子國、邊伯等人的封地；又尋找機會罷免了石速的官職。這下子，三大夫非常怨恨周惠王，摩擦、衝突愈發激烈了。

周惠王三年（前六七四年）秋，幾位大夫奉子頹為王，舉兵作亂，攻打惠王。惠王被迫出逃，先是跑到了溫（今河南溫縣境內），後來又被鄭厲公接到鄭國櫟地（櫟音ㄌㄧˋ，今河南禹縣境內）居住。

子頹趕走惠王之後，便自己做了天子。成日裡與大夫子國、邊伯、石速等一起飲酒作樂，歌舞不息，享樂無度，驕奢淫逸到了極點，而百姓們卻都苦不堪言。鄭厲公看到這種情形，便對虢（虢音ㄍㄨㄛˊ）叔說：「周惠王在我們鄭國已經居住了三年了。在這三年中，我聽說子頹歌舞不息，百姓苦不堪言，這是以禍為樂呀！驅逐了君王而取代了君位，還有比這更大的災禍嗎？面臨災禍而忘記了應該保持憂患、謹慎之心，這就是以禍為樂，災禍一定會落到他們頭上的。看來子頹的禍事就在眼前了，我們何不送惠王回國復位呢？這樣做一定會得到百姓的擁護，也是一定可以成功的。」

虢叔對鄭厲公的看法非常贊同，並認為事不宜遲，應該馬上行動。

在鄭厲公和虢叔的謀劃下，惠王返回洛邑。周都的民眾聽說惠王回來了，歡聲如雷，爭著開城門迎接。於是，周惠王在鄭厲公的幫助下，殺了子頹和三大夫，重新奪取了天子之位。後來有人作了一首詩來感嘆子頹的愚劣，詩云：

「挾寵橫行意未休，私交乘釁起奸謀。一年南面成何事？只合關門去飼牛。」

大事必以眾濟

【名言】

民之所急在大事，先王知大事之必以眾濟也，是故祓除其心，以和惠民。

——《周語上·內史過論晉惠公必無後》

【要義】

濟，成功。祓除，古代一種消災祈福的儀式。「祓」（祓音ㄈㄨˊ），就是福的意思。

這段話的含義是：民眾最關心的是祭祀、戰爭等大事，先代的賢明君王知道要成就這樣的大事，必須有民眾的參與才能成功，所以他們在做大事之前必須先屏除心中的邪念，使之歸於純正，並以此團結、施惠於民眾。

周襄王二年（前六五〇年），晉獻公之子夷吾在秦國幫助下回國即位，稱為晉惠公，周襄王派邵公過和內史過賜給惠公侯爵的命圭等物品。惠公在接受冊封的時候言行傲慢無理，對天子的使臣相當不尊重，內史過根據惠公即位後的所作所為推論，說晉國即使不滅亡，晉惠公也一定會沒有後繼之人。

內史過的這段話指出，民眾對於一個國家的興衰成敗具有舉足輕重的地位，所以他認為國君必須意識到民眾的力量和作用，在治理國家的時候依靠民眾。他在理論上初步論證了古代的民本思想，也就是執政者為了達到本固邦興的目的，應該尊重民眾，依靠百姓，透過採取讓老百姓能得到實惠的措施來團結民眾。這種重民、愛民、保民的思想在後來的思想家那裡得到繼承和發展。

孟子曾經說過：「民為貴，社稷次之，君為輕。」（《孟子．盡心下》）還說過：「保民而王，莫之能禦也。」（《孟子．梁惠王上》）唐太宗李世民也用「水所以載舟，亦所以覆舟」的道理來說明老百姓的重要性。

由此可見，古代的聖賢明君都非常重視民眾的力量，注意處好君民關係。內史過在那當時就提出治國要重視並依靠民眾的觀點，無疑是進步而有現實意義的，而歷史也證明了他的這番話確是遠見卓識，晉惠王僅僅在位五年就成了秦國的俘虜。

【故事】

古代，在黃河下游有一個部落叫商。傳說商的祖先契在堯舜的時候，跟禹一起治理過洪水，是個有功的人。後來，商部落因為畜牧業發展得很快，武力也比較強盛，到夏朝末年，商部落的湯做首領的時候，商部落已經很強大了。

當時的商部落屬於夏王朝的管轄。夏王朝的最後一個王夏桀是個出了名的暴君。人民生活困苦，他卻還在大興土木、修建宮殿。有個大臣關龍逢勸說夏桀，認為這樣下去會喪失人心，最終導致國家的滅亡，夏桀卻勃然大怒，把關龍逢殺了。

商湯看到夏桀很腐敗，就決心消滅夏朝。他表面上服從夏桀，暗地裡卻不斷發展自己的勢力，在部落中擴大自己的影響。那時，各部落都是信奉鬼神的，把祭天敬祖看成是很重要的事。

商部落附近有一個小國叫葛，葛國的國君葛伯不按時祭天，商湯派人去責問他，葛伯回答說：「我們部落很窮，沒有牲口做祭品。」商湯就送了一批牛羊給葛伯做祭品。葛伯把牛羊殺掉吃了，還是不祭祖。

湯又派人去問他，葛伯說：「我們沒有糧食吃，拿什麼來祭呢？」於是湯又派人幫助葛伯耕田，還派兒童每天為耕作的人送飯，不料葛伯卻把助耕的人和送飯的兒童都給殺了。葛伯這樣做，自然很不得人心。湯以這件事，就出兵把葛部落消滅了。他的勢力又有所發展，卻還是沒引起昏庸的夏桀的注意。

商湯結婚的時候，他的妻子帶來的陪嫁奴隸中，有一個叫伊尹的，伊尹起初在商湯家做廚司，服侍商湯。後來，商湯發現伊尹與一般的奴隸不一樣，就和他交談起來，才知道他是有心化裝成陪嫁的奴隸來找商湯的。伊尹向湯談了許多治國的道理，湯聽後很欣賞，馬上把他提拔為助手。

伊尹給商湯出主意說：「現在夏桀還很有力量，我們先不去向他朝貢，試探一下他的反應。」商湯按照伊尹的計策，停止了對夏桀的進貢。果然，夏桀大怒，下令發兵攻打商湯。伊尹一看還有夷部落的人服從夏桀的指揮，就趕快向夏桀請罪，恢復了進貢。

又過了一年，九夷中有一些部落也忍受不了夏朝的壓榨勒索，逐漸叛離夏朝，此時湯和伊尹決定大舉進攻夏朝。這並不是一件容易的事。商湯和伊尹商量了一下，決定召集所有商軍將士，由湯親自向大家誓師。

商湯在誓師大會上說：「我不是要叛亂，而是夏桀實在作惡多端，上天要我來帶領大家消滅他，我不能不聽從上天的安排。」接著他又宣佈了賞罰嚴明的紀律。商湯藉上天的旨意來動員將士，再加上將士恨不得夏桀早早滅亡，因此作戰非常勇敢，在決定性的戰役中，夏桀的軍隊被打敗了。最後夏桀被湯流放到了南巢。

夏桀之所以被消滅，是由於他失去了民眾的支持；商湯之所以能成功，是因為他想人民所想，得到了人民的支持。這句話和這個故事都告訴我們，做任何事情，都離不開群體的支持。一個國家的事業只有得到人民的支持，才有可能興旺發達；對個人來講，我們的成功離不開集體的力量，所以我們必須與周圍的人團結一致，才有可能取得成就。

晉文公必霸

【名言】

晉，不可不善也，其君必霸。逆王命敬，奉禮義成。敬王命，順之道也；成禮義，德之則也。則德以導諸侯，諸侯必歸之。且聽所以觀忠、信、仁、義也，忠所以分也，仁所以行也，信所以守也，義所以節也。忠分則均，仁行則報，信守則固，義節則度。

——《周語上．內史興論晉文公必霸》

【要義】

成，指行動符合禮節要求。則德，指遵循規範的道德。分，指均分；行，指施行恩惠。守，指守約。節，指有節度。

這段話的意思是：晉國，是應該好好對待的，它的國君一定會稱霸諸侯的。因為他們迎接王命的態度恭敬，舉行的儀式符合禮節。尊敬王命，這是順於禮義之道的做法，行禮符合要求，是懂得道德準則的表現。他們用規範的道德標準來引導諸侯，諸侯一定會歸順。而且，禮本來就可以用來觀察是否具有忠、信、仁、義的德行，忠可以用來均分，仁可以用來施恩，信可以用來守約，義可以用來節度。有了忠，分配利益就能平均；有了仁，施恩就能得到回報；有了信，守約就能牢固；有了義，節制就能適度。

周襄王十六年（前六三六年），晉文公重耳即位做晉國的國君，周襄王派太宰文公和內史興到晉國表示周王室對他的承認。晉文公為此舉行了盛大的典禮。作為天子使臣，內史興看到晉文公即位後能夠恪守禮制，心裡很讚賞他。回朝時就對周襄王說晉君會成為諸侯中的霸主。

內史興對晉侯的評價，體現了中國這個禮儀之邦的評價標準。禮在中國的歷史中有豐富的內涵和非常重要的地位。在古代，禮被認為是在諸多道德中居於統帥地位的。內史興的這段話就明確地把禮放在忠信仁義的統率地位，而且認為忠信仁義都是禮的組成部分。正是由於禮具有定國興邦的重要作用，所以能知禮、守禮、執禮的人必定能成為治國的明君，必定能成就一番大事業。內史興正是從這種意義上認為晉文公必定能成為諸侯中的霸主。今天，我們依然強調「禮」的重要性，但是古代的禮中一些政治倫理和作為國家法制的內容已經被分離出來，我們所講的主要是指為人處事中的禮儀、禮節。作為文明古國、禮儀之邦的後人，我們應該深入理解禮之內涵與作用，並在實際生活中做一個有禮節的人。

【故事】

周襄王十六年（前六三六年），晉文公重耳即位做晉國的國君，周襄王派太宰文公和內史興到晉國賜給晉文公侯爵的衣服和命圭等物品。晉文公知道這個消息後，就派晉國上卿在邊境上迎接，而晉文公自己也親自到城郊接待，並在宗廟之中舉行了隆重的儀式接受任命，其禮節、宴享、饋贈、郊送等禮儀程序，都按照諸侯接受天子任命的禮儀制度嚴格執行，而且氣氛始終融洽友好。作為天子使臣，太宰文公和內史興看到晉文公即位後能夠恪守禮制，心裡都很讚賞他。

回朝見周襄王的時候，內史興說：「晉國，是應該好好對待的，它的國君一定會稱霸諸侯的。」

周襄王笑著說：「上次內史過到晉國去，回來告訴我說晉國即使不滅亡，晉惠公也一定會沒有後繼之人，事實已經證明晉惠公的位置被晉文公取代了。這次你去，回來又對我說晉國的國君一定會稱霸諸侯，你為什麼這樣認為呢？」

內史興回答說：「臣之所以認為晉國的國君一定會稱霸諸侯，是因為他們迎接王命的態度恭敬，舉行的儀式符合禮節。尊敬王命，這是順於禮義之道的做法，行禮符合要求，是懂得道德準則的表現。他們用規範的道德標準來引導諸侯，諸侯一定會歸順。而且，禮本來就可以用來觀察是否具有忠、信、仁、義的德行，忠可以用來均分，仁可以用來施恩，信可以用來守約，義可以用來節度。有了忠，分配利益就能平均；有了仁，施恩就能得到回報；有了信，守約就能牢固；有了義，節制就能適度。分配平均就不會使上下有怨恨，施恩並能得到回報就不會財用匱乏，守約牢固就不會行苟且之事，節制適度就不會使民眾離心。如果民眾不怨恨而財用不匱乏，執行誓約不苟且而民眾歸心，那還有什麼事不能成功呢？臣進入晉國境內，看到忠、信、仁、義的德行都具備，所以臣敢說晉文公一定會成為諸侯中的霸主。如果君王對他這樣知禮的人施加恩典，一定會得到豐厚回報的。」周襄王聽從了內史興的話，派到晉國去的使者絡繹不絕，周王朝與晉國的關係也日益密切。

到了後來，先王周惠王的皇后想立自己的親生兒子為天子，於是藉狄人的軍隊來攻打周襄王。襄王避難，先是出逃到鄭國，晉文公知道這個消息後就發兵送他回國都，重新收復天子之位。在周襄王十六年（前六三六年），晉文公做了晉國國君，而五年之後，他打敗了強大的楚國，向周襄王獻上了戰勝楚國的戰利品，並主持了諸侯在踐土的會盟。從此，晉文公稱霸於諸侯，成為著名的「春秋五霸」之一。

兄弟鬩於牆而外禦其侮

【名言】

古人有言曰：「兄弟讒鬩，侮人百里。」周文公之詩曰：「兄弟鬩於牆，外禦其侮。」若是則鬩乃內侮，而雖鬩不敗親也。

——《周語中．富辰諫襄王以狄伐鄭及以狄女為后》

【要義】

鬩（鬩音ㄒㄧˋ），爭吵、爭鬥。百里，比喻關係比較疏遠的人，這裡暗指狄人。牆，指內牆，藉指自己內部的人。敗親，指損害到親人。

這段話的大意是：古人曾說過：「兄弟之間受讒言挑撥而爭吵，但是仍然要團結一致防禦外人的欺侮。」周文公在《詩經．小雅．棠棣》中也說過：「兄弟在家裡爭吵，但是卻能共同抵禦外人的欺侮。」這就是說，兄弟之間的爭吵是內部不和，雖然有爭吵，但是不能損害兄弟手足之情。

周襄王十三年（前六三九年），鄭國舉兵討伐滑國。周襄王派游孫伯大夫去鄭國為滑國說情。鄭文公不但不聽，還拘留了使者。襄王大怒，想藉用狄人的軍隊討伐鄭國。大夫富辰對其進行了勸諫，認為鄭國與周朝就像是兄弟，雖有小怨，但不應傷及手足之情；而狄人乃是外族人，所以周襄王不應該藉外人的力量來打擊自己的兄弟。

富辰的內外有別論是受當時狹隘的民族意識和宗法觀念限制的。如果撇開這種侷限性，他的「內外有別」思想也有一定的意義。

【故事】

戰國時代，諸侯之間不停地進行著兼併戰爭，秦國國君秦昭襄王一心想要使趙國屈服。周赧王三十六年（前二七九年），他耍了個花招，請趙國的惠文王到澠（澠音ㄇㄧㄣˇ）池會盟。趙惠文王怕被秦國扣留，不敢去。

大將廉頗和藺相如都認為如果不去，就會被秦國看不起。在他們的勸說下，趙惠文王決定冒險去一趟。他叫藺相如陪他一起去，讓廉頗留守，輔助太子。為了防備意外，趙惠文王又派大將李牧帶兵五千跟隨，相國平原君帶領幾萬人隨後接應。

到了預定的會盟日期，秦王和趙王在澠池相會，並且舉行了宴會，高興地喝酒談天。在宴會中，秦昭襄王藉著酒意對趙惠文王說：「聽說你彈得一手好瑟，請你彈首曲子，給大家助助興吧。」說罷，吩咐左右把瑟拿上來。

趙惠文王不敢推辭，只好勉強彈了一曲。秦國的史官當場就把這件事記下來，並且當眾宣讀：「某年某月某日，秦王和趙王在澠池相會，趙王給秦王彈瑟以助興。」

趙惠文王聽了臉都氣得發紫了，這分明是在侮辱自己，把自己比作秦王的侍從。

這時，藺相如拿起一個瓦盆，跪在秦昭襄王面前說：「趙王聽說秦王很會彈奏秦國的樂器，我這裡有一個瓦盆，請大王為趙王彈首曲子吧。」

秦王勃然變色，拒絕彈奏。藺相如憤怒地說：「大王未免太欺負人了吧。秦國雖然兵力強大，可是

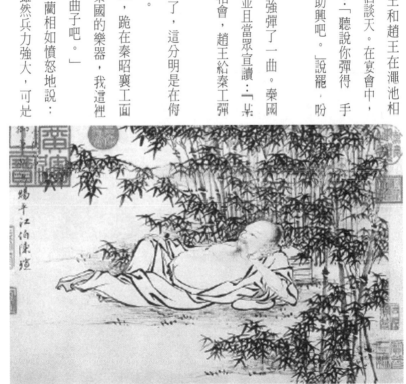

在這五步之內，我可以把我自己的血濺到大王身上。」說罷擺出一副要與秦王同歸於盡的姿態。

秦昭襄王見他這種陣仗，也只好接過瓦盆，胡亂地敲了幾下。藺相如馬上叫趙國的史官記錄下來：「某年某月某日，趙王和秦王在澠池相會，秦王為趙王擊盆以助興。」

秦國的大臣見藺相如傷了秦王的體面，就站起來說：「請趙王割讓十五座城池給秦王，以為秦王祝壽。」

藺相如接著站起來說：「請秦王把咸陽城割讓給趙國，以為趙王祝壽。」

秦王一看這種局面非常緊張，而且他也聽說趙國已派大軍駐紮在臨近的地方，恐怕動起手來自己也佔不到什麼便宜，便呵斥秦國的大臣說：「今天是兩國君王歡聚的日子，不要多說傷和氣的話。」由此，兩國的會盟總算圓滿結束。

回到趙國，藺相如因出使不辱趙國的國威，被趙惠文王拜為上卿，地位在大將廉頗之上。廉頗很不服氣，他對自己的門客說：「我是趙國的大將，為趙國立下了汗馬功勞，藺相如有什麼了不起，倒爬到我的頭上來了。我一定要給他點顏色看看。」這話傳到藺相如耳裡去了，藺相如就裝病不上朝，不與廉頗碰面。

有一天，藺相如帶著門客出去，真是冤家路窄，迎頭看見廉頗的車馬過來，他趕緊讓自己的車夫把車子退到小巷裡去躲避，讓廉頗的車馬先過。藺相如的門客都很生氣，他們責備藺相如不該這麼膽小怕事。藺相如說：「你們看廉頗將軍和秦王哪一個勢力更大？」眾人都說：「當然是秦王勢力大。」

藺相如說：「對呀！天下的諸侯都怕秦王，可是當日會盟，我為保住趙國的國威，都敢當面責備秦王，我怎麼會怕廉頗將軍呢？我是這樣想的：強大的秦國之所以不敢來侵犯趙國，就是因為我們齊心協力；如果我們內部做相國的和做將軍的不和，秦國知道了，肯定會發兵來侵犯我們。為了避免這樣的事發生，我寧願忍讓他一些。」

有人把藺相如的話傳給廉頗，廉頗聽了十分慚愧，他想自己應該去給藺相如請罪。別人給他出了個「負荊請罪」的主意。他就赤裸著上身，背負著荊條，到藺相如家裡請罪。見了藺相如，他跪倒在地說：「我是個粗的人，

見識少，氣量窄，誰知道您竟然這麼容讓我，我真是沒臉見您，請您責打我吧！」

藺相如連忙扶他起來，說：「咱們兩人都是趙國的大臣，將軍能體諒我，我已經萬分感激了，怎麼還來給我賠禮呢？」兩人都流下了激動的眼淚，從此兩人成了好朋友。

這則名言和這個故事都告訴我們，只有團結一致才能使自己變得強大。

兄弟之怨不徵於他

【名言】

今以小忿棄之，是以小怨置大德也，無乃不可乎！且夫兄弟之怨，不徵於他，徵於他，利乃外矣。

——《周語中・富辰諫襄王以狄伐鄭及以狄女為后》

【要義】

徵，徵引、依仗。他，指狄人。

這段話的大意是：現在因為小小的不滿就拋棄與鄭國的兄弟情誼，這就叫做因小怨而置大德於不顧，恐怕不可以這樣做吧！況且，兄弟之間產生衝突，不能依靠他人來幫助解決。如果請外人來，利益就會被外人得到了。

本篇與前一篇所講的意思是緊密相連的。富辰在論證鄭國和周朝是兄弟的關係的基礎上，又進一步向周襄王指出，不能因為小的怨恨就拋棄為人之大德，而應該在忍小忿的基礎上成就大德，如果只圖一時的痛快就很可能引來嚴重的後果。

「小不忍則亂大謀」是我國的一條傳統明訓。這句話的主要含義就是凡事要著眼於長遠目標，為了將來要忍一時之不快。遇事要有忍讓的精神和氣魄，如果做不到這一點，遇事衝動、失去理智，就很容易影響長遠目標的實現。

【故事】

歷史上「小不忍則亂大謀」的經驗教訓很多。如三國時期，劉備因兄弟關羽被殺，不顧實際情況大舉伐吳，犯了「小不忍則亂大謀」的錯誤，結果被吳國大將陸遜火燒連營，大敗而歸，蜀國的實力也受到嚴重削弱。而與他相反，當諸葛亮和司馬懿在渭水邊上相持不下的時候，諸葛亮送了婦女的衣服給司馬懿，以諷刺他沒有男子漢的氣概，想藉此激他出兵，但司馬懿深知「小不忍則亂大謀」的利害，一笑置之，堅持不出兵，諸葛亮也無可奈何。

劉備平定漢中以後，謀圖北伐曹操，而荊州的關羽因與吳國關係沒有處好，加之驕傲輕敵，被呂蒙、陸遜夜襲荊州而敗走麥城。關羽就被孫權活捉之後殺害了。

劉備聽到這個消息後，悲憤異常，準備進攻東吳，報仇雪恨。諸葛亮和許多大臣都不贊成攻打東吳，他們認為當務之急是攻打曹魏，如果能消滅曹魏，東吳自然會屈服，不應該捨曹魏而去攻打東吳。劉備說什麼也聽不進去這些勸告，他讓諸葛亮留在成都輔佐太子劉禪，自己親自率領大軍去征伐東吳。

消息傳到了東吳，孫權聽說劉備這次出兵的聲勢浩大，也有些害怕，就派人去向劉備求和，但遭到了劉備的嚴詞拒絕。同時，蜀漢的軍隊勢如破竹，接連攻下巫城、秭（秭音ㄗˇ）歸等東吳城池。孫權見講和已經沒有希望，只好派陸遜出任大都督，帶領五萬人馬抵抗蜀漢軍隊。

劉備出兵沒有幾個月，就攻佔了東吳五、六百里的土地。東吳將士看到蜀軍步步進逼，都摩拳擦掌，想和蜀軍大戰一場。可是大都督陸遜卻傳下號令，教諸將牢守關隘，不許出戰。陸遜部下的將軍們，既有孫氏貴族，也有跟隨孫策身經百戰的老將，他們對年輕的書生陸遜做大都督本來就不大服氣，現在聽到陸遜不同意他們出戰，更是認為陸遜膽小懦弱、害怕打仗，於是都在背地裡忿忿不平。

蜀軍在從巫縣到夷陵沿途紮下了幾十個大營，綿延長達七百里，白天旌旗蔽日，晚上火光耀天。劉備領軍繼續攻打各處關隘，但陸遜依然不讓出兵應戰，並告知眾將說：「劉備舉兵南下，連勝十餘陣，銳氣正盛，再說他們也佔據了有利地形，所以我們不能輕易出戰，與之硬拚。現在應該鼓勵軍士們，廣佈守禦之策，以觀其變。」眾將雖然心中不服，但也只好遵守軍令，按兵不動。蜀軍雖然百般挑釁，但吳軍就是不出戰，劉備也是無可奈何。

雙方這一相持就是半年。轉眼到了盛夏，天氣十分炎熱，劉備就將軍隊都轉移到了近溪傍澗、山林茂盛的地方避暑。陸遜知道這個消息後大喜，召集將士們宣佈要向蜀軍進攻。他說：「劉備剛來的時候，士氣旺盛，我們很難取勝。現在，他們在這兒待了許多日子了，一直沒能佔到什麼便宜，兵士們都很疲憊了，這正是我們取勝的大好時機。而且，劉備久攻不下，必然焦躁不安；我讓蜀軍取得小勝，他們必定心生輕敵之念；蜀軍連營七百里，又都駐紮在山林茂密之處。劉備犯下這些兵家大忌，必敗無疑。」

當天晚上，陸遜命令將士每人攜帶火種和一束茅草，埋伏在南岸的密林中。等到了三更天，東吳的將士們衝進蜀營，用茅草點起火把，在蜀營中放起火來。由於蜀營駐紮在林木茂盛之處，營寨又都是連在一起的，點著了一個營，附近的營寨也就一起燒起來了。只見風緊火急，樹木皆著，喊殺聲響徹天際，劉備的幾十座大營一下子就被攻破了。等到劉備發現火起，已經無法抵抗了。在蜀軍將士的保護下，劉備帶著殘兵敗將，突圍逃到了白帝城。陸遜命令各路吳軍一起出擊，大獲全勝。

這一場大戰，蜀軍幾乎全軍覆沒。劉備不久就病死了。蜀漢自此元氣大傷，即使諸葛亮也無力回天，最終被曹魏所滅。

武不可覿，文不可匿

【名言】

君若惠及之，唯官是徵，其敢逆命，何足以辱師！君之武震，無乃玩而頓乎？臣聞之曰：「武不可覿，文不可匿。覿武無烈，匿文不昭。」陽不承獲甸，而祗以覿武，臣是以懼。不然，其敢自愛也？

——《周語中・陽人不服晉侯》

【要義】

徵，召的意思，即聽命。逆，違背、違抗。

辱師，謙虛的說法，意為勞駕您用兵。

武震，指將武力展現出來。

玩而頓，玩忽而致困頓，指濫用武力而使將士疲勞困乏。覿（覿音ㄉㄧˊ），同「黷」，是指濫用、炫耀。文，指道德教化。匿，指隱藏。烈，指威嚴、威武。昭，昭示，發揚光大的意思。祇，通「只」。愛，指吝嗇、愛惜。

這段話的意思是：晉君如果能夠施恩於陽樊人民，只要派官員來宣佈命令，有哪一個敢違抗呢？又何必勞您大駕出兵討伐呢？晉君向我們炫耀武力，這難道不是濫用武力並使將士勞頓的做法嗎？我曾聽說過這樣的話：武力不可以濫用，道德教化不可以藏匿；濫用武力就會失去威信，不進行道德教化就不會使德行發揚光大。陽樊人不再為周王的恩惠所照顧，而又面臨晉軍的武力威脅，我們因此感到恐懼。不然，誰敢吝嗇土地而不願意歸附呢？

周襄王十七年（前六三五年），周襄王把陽樊賜給了晉文公。但是陽樊的百姓不服管理，晉文公就派兵用武力強行接管。為了保全全城人民的性命，陽樊人倉葛不顧個人安危，來到強大的晉軍面前，以「德治」立論，慷慨陳詞，指責晉文公恃強凌弱，濫用武力，不能以德服人，並深刻指出以力服人、濫用武力也許會在短時間內取得成效，但是人心不服終究是大的隱患，只有隱武尚文，以道德教化為主，才能得人心，並治理好國家。

倉葛這番責中含勸、寓理於情、有理有節的陳述，反映了我國傳統的政治理念的核心內容之一——以德治國。

自古以來，德治思想一直在我國政治舞台上佔有重要地位。今天，我們重新提出「以德治國」，但是我們現在所講的「德」已經與前人的「德」有很大的不同，今天的「德」指的是社會主義道德。「德」的內涵發生了很大變化，但是仍有相通之處，如在形式上都要求德育教化為主要方式等。所以，倉葛的話在我們今天看來，仍有它的意義所在。

【故事】

周襄王十七年（前六三五年），周襄王為了感謝晉文公幫助他從鄭國回到王城，恢復天子之位的功績，就把陽樊這個地方賜給了晉文公。但是陽樊這個地方的人不願歸順，晉文公聞聽之後大怒，就派兵包圍了陽樊城，準備用武力強行接管。

陽樊的百姓們看到晉軍到來，無不驚慌失措，整個城陷入了一片混亂之中，哭聲、罵聲、奔跑呼叫聲不絕於耳。陽樊城中有個人名叫倉葛，由於其平素

為人深明事理、行俠仗義，所以很多百姓都跑到他家來，紛紛問倉葛現在應該怎麼辦。

倉葛對百姓們說：「大家不必如此驚慌，天子把陽樊這個地方賜給了晉文公，我想晉文公不會想要一座空城吧！而且晉文公一向以有德之主聞名，應該不會做出屠城這等傷天害理之事。請百姓們先不要害怕，容我去和晉文公談一談，看有沒有什麼轉機。」百姓們雖然非常擔心倉葛的安危，但事已至此，也沒有其他辦法可想，只能默默祝願倉葛能夠力挽狂瀾，逢凶化吉。

為了保全全城人民的性命，倉葛不顧個人安危，大步向圍困陽樊的晉軍走去。晉軍見城裡遠遠走來一人，齊聲喝道：「站住！來者是什麼人？」

只見倉葛站在晉軍陣前，面無懼色，大聲喊道：

「天子以為晉君能夠施行德政，而且也是為了表彰晉君的有德之行，所以才把陽樊賜給了晉國。但是陽樊人民長久以來受到天子的恩惠，所以心中對於天子有難以割捨的情感，因此不願

歸順晉國。聽說天子把陽樊賜給了晉國，大家都說不知道晉君將用怎樣的德政來施加恩惠、體恤感化人們，使陽樊的人民安居樂業。沒想到的是，還沒有得到晉國的恩惠之前，晉國的軍隊就到了，要大肆毀滅我們的宗廟，消滅我們的貴族和百姓，由此可見，我們不敢歸順是完全應該的。」

「三軍所征伐的，應該是蠻、夷、戎、狄中驕縱淫逸、不遵守天子號令、不服教化的人。而我們這些弱小無知的陽樊人，只是還不習慣聽從晉君的政令，所以不敢接受歸順的命令而已。晉君如果能夠施恩於陽樊人民，只要派官員來宣佈命令，又有哪一個敢違抗呢？又何必勞您大駕出兵討伐呢？晉君向我們炫耀武力，這難道不是濫用武力並使將士勞頓的做法嗎？我曾聽說過這樣的話：武力不可以濫用，道德教化不可以藏匿；濫用武力就會失去威信，不進行道德教化就不會使德行發揚光大。陽樊人不再

為周王的恩惠所照顧，而又面臨晉軍的武力威脅，我們因此感到恐懼。不然，誰能吝嗇土地而不願意歸附呢？況且，陽樊難道有應該被流放到邊遠地方去的頑劣之徒嗎？他們可都是天子的父兄甥舅們啊，為什麼要這樣虐待他們呢？」

在遠處山崗上的晉文公聽到這番慷慨陳詞，心中不禁有了一些愧疚之意，感嘆道：「這真是君子大丈夫所說出的話呀！」

於是傳令讓晉軍撤退，並對陽樊的居民說，他們自主去留，可以隨意遷出。一場干戈就此化解了。

政自上下者無怨

【名言】

夫政自上下者，上作政，而下行之不逆，故上下無怨。

——《周語中・襄王拒殺衛成公》

【要義】

政，指政令。上下，指君臣、上下的關係。逆，指違背、拒絕執行。這句話的大意是：政令自上而下貫徹執行，君主制定政策法令，臣下奉行不背，這樣君臣之間才不會發生怨恨。

周襄王二十年（前六三二年），晉文公在溫地主持諸侯會盟時，衛國有一位大夫控告衛國國君衛成公殺害了無罪的大臣叔武，並與衛成公當面對質，衛成公因理屈而無言以對。晉文公便將衛成公拘捕，押送到周朝都城，請周襄王治罪。但周襄王卻以「君臣無獄」為託詞，即周襄王認為君臣之間不應該用法律、訴訟手段解決問題，所以他拒絕治衛成公的罪。周襄王這樣做，無非是為了維護古代上下尊卑的秩序和等級制度，這是應該加以批判的。但是，周襄王在訴說不治衛成公之罪的理由時，所說的這句論述政令暢通的重要性的話，卻是值得我們借鑑的。

雖然周襄王這樣說有維護君主一言堂權威的成分，但是也從一個側面反映了我國古代就非常重視政令暢通、令行禁止。

【故事】

戰國時期，吳國的君主闔閭（闔閭音ㄏㄜˊ ㄌㄩˊ）聽說孫武精通兵法，就派人到孫武住的羅浮山把他請來。闔閭對孫武寫的《孫子十三篇》讚嘆不已，他對孫武說：「看完您的兵書才知道，您真是有通天徹地的才能呀。但只恨我國小兵少，怎麼辦呢？」

孫武說：「我的兵法，不但可以用於士兵，而且可以用於女子，只要遵守我的命令，婦女一樣可以上陣殺敵。」

闔閭笑而不信，說：「先生開玩笑吧，天下哪有可以讓婦女上陣殺敵的兵法呢？」

孫武說：「大王如果不信，請把後宮的侍女集合起來，讓臣試一試，如果效果不好，我甘願領罪。」

吳王便召集了宮女三百名，交給孫武操練，並派自己的兩名寵姬擔任隊長。孫武要宮女們分成兩隊，兩名姬妾一人管一隊，要她們都穿上軍裝，並把軍中的法令告訴她們，一是要保持隊伍整齊，不准混亂；二是不准言語喧嘩；三是不准故意違抗紀律。然後告訴她們第二天早上到操場訓練，並準備請吳王來看。

第二天一早，兩隊宮女都來到教軍場，一個個身披甲冑，右手持劍，左手持盾。兩名寵姬也都頂盔束甲，分立兩邊。孫武升帳之後，分別交給兩人一面黃旗，令她們手持黃旗做先導，其他宮女跟在隊長後面。五人為一伍，十人為一總，要求她們步伐整齊，跟隨鼓聲進退。孫武下令說：「聽到第一通鼓響，兩隊人都站起來待命；聽到第二通鼓響，左隊向右旋轉，右隊向左旋轉；聽到第三通鼓響，拔劍成戰鬥之勢；聽到鳴鑼，就各自回歸本隊。」眾宮女都捂著嘴嬉笑不已。

等第一通鼓響的時候，宮女們有的站起來，有的還坐著，參差不齊。孫武說：「約束不明，軍令沒說清楚，是我的錯。」於是，就又將自己的命令對宮女們說了一遍，重新進行演練。可是第一通鼓響指揮，宮女們仍舊站得歪歪斜斜，嘻嘻哈哈。孫武站起來，自己持鼓槌，命令宮女們起立待命，但是宮女們和兩位寵姬都人笑。孫武大怒，說：「約束不明，命令不清，是我的錯；但我再三告知妳們，妳們仍舊不按命令去做，這就是妳們的過錯了。」於是他把執法官叫來，問他：「不遵守軍隊紀律，按軍法應該如何處置？」執法官回答說：「按軍法當斬。」孫武說：「好，士兵們不能都殺，那就要懲罰領隊的人，將兩名隊長斬首示眾。」左右見孫武發怒，都不敢勸阻，就把兩名寵姬綁起來了。

吳王在觀武台上正在觀看演習，忽然見孫武將他的兩名寵妾綁起來要斬，就連忙派一名大臣持他的符節去救她們，並且說：「寡人已經知道將軍用兵的能力了，但這兩名妃子深得寡人的喜愛，就請將軍赦免了她們吧。」

孫武說：「軍中無戲言。我既然已經受命為將，那麼就應該嚴格按照軍規辦事，即使大王說情也不能壞了規矩。如果聽大王的而有令不從，那還怎麼統領三軍？」接著他喝令左右把這兩名姬妾斬了，那些宮女被嚇得戰戰兢兢。此時，孫武再次命令擊鼓，一通鼓起立，二通鼓旋行，三通鼓戰鬥，鳴金則收兵。這一次兩隊宮女左右進退，旋轉往來，皆中規矩，絲毫不差，而且自始至終鴉雀無聲。孫武命執法官報告吳王說：「戰士已操練整齊了，請吳王檢閱，如果吳王要用這隊士兵，即使讓她們赴湯蹈火，她們也不會退縮了。」吳王看完孫武演陣，心中嘆服，心想只有這樣訓練出來的軍令暢通、紀律嚴明的隊伍，才能戰無不勝啊！

師輕而驕者敗

【名言】

師輕而驕，輕則寡謀，驕則無禮。無禮則脫，寡謀自陷。人險而脫，能無敗乎？

——《周語中・王孫滿觀秦師》

【要義】

輕，意思是輕佻、輕狂。脫，指粗心大意，在這裡引申為紀律鬆弛。

這段話的大意是：秦軍輕狂而驕傲，軍隊輕狂就會缺少謀略，驕橫就會沒有禮節，沒有禮節軍隊的紀律就鬆弛，缺少深遠的謀略就會陷於險境。既入險境而又紀律鬆弛，這樣的軍隊打仗能不失敗嗎？

周襄王二十四年（前六二八年），秦穆公派孟明視、西乞術、白乙丙三位大將率軍偷襲鄭國。當偷襲鄭國的軍隊經過周王朝的都城洛邑的北門時，軍士向周天子致敬。在這個過程中，軍士們顯得軍容不整，兵車上的將士剛脫帽下車，連一個完整的禮都沒敬完就又匆匆躍上車。王孫滿看到這些秦軍的舉動後，就對周襄王說，秦國的軍隊一定會失敗，當周襄王問是什麼原因時，王孫滿說了這段話。結果果然像王孫滿所說的一樣，秦軍這次偷襲鄭國的行動不但因為鄭國早有防備而無功而返，而且在回來的路上，又遭到埋伏在崤山的晉國軍隊的襲擊，全軍覆沒，三位大將也被晉軍俘虜。事實證明了王孫滿的遠見卓識和深刻的觀察力。而他據以做出判斷的標準就是：驕兵必敗。

驕兵必敗是一個必然的規律，戰爭是極為兇險的，面對複雜的爭鬥形勢，必須謹慎對待，沉著應付，驕傲輕狂、無紀律、無約束的軍隊只能失敗。這是為歷史的事實證明的道理。

【故事】

兩晉時期，苻堅是北方前秦王朝一位非常有作為的君王。他經過二十多年的浴血奮戰，基本上統一了北方，擁有了九十七萬精兵。權高勢重的苻堅這時候就開始飄飄然起來，覺得自己很了不起，他開始不把晉國放在眼裡，打算討伐晉國。

前秦建元十八年（三八二年），苻堅在皇宮裡召集大臣們商量討伐晉國的事。大臣們認為前秦勢力還不夠強大，不宜攻打晉國。大臣中有一位武將石越說：「晉國有長江作為天然的屏障，再加上百姓們都有保家衛國的氣概，所以我們的討伐只怕會無功而返。」

苻堅聽了很不以為然，他大聲說道：「哼，長江天險有什麼了不起的，我們的軍隊人數眾多，而且個個是精兵強將。我們不需進攻，只要每個人把手中的鞭子丟到長江中，就能把長江的水堵住，看他們還拿什麼做屏障？」苻堅的弟弟苻融也反對出兵，但是看到苻堅大怒，就打圓場說：「我看攻打晉國的確有很多困難。再說我軍連年打仗，兵士們也已經個個筋疲力盡，不想再打仗。今天反對出兵的個個都是忠臣，都是本著為國家著想的態度說這些話的。請陛下考慮他們的意見。」

苻堅聽了很不高興，他說道：「怎麼連你也反對我？真是讓我失望。我有精兵百萬，兵器糧草堆積如山，要是攻打晉國這樣的敵人，哪有不勝的道理。你們不要再說了，我意已決。」大臣們仍然試圖勸說他，可是苻堅孤注一擲，開始了攻打晉國的戰爭。

一開始，前秦的軍隊長驅直入，佔領了很多地方，並很快打下壽陽。他到壽陽以後，跟弟弟苻融一商量，認為晉國軍隊已經不堪一擊，就決定派人到晉軍的大營中去勸降。晉朝大將謝石、謝玄經過一番商量，認為苻堅有輕敵之心，而且前秦軍隊一路征戰，已是人困馬乏，就決定來個突然襲擊。他們一方面不明確表態，說正在商量；一方面派精兵五千人先對洛澗的秦軍發起了攻擊，並取得了一場勝利。洛澗大捷大大地鼓舞了晉軍的士氣，謝石、謝玄趁機指揮大軍發動猛烈反攻，晉軍把人馬駐紮在八公山下，和駐紮在壽陽的秦軍隔岸對峙。

苻堅本來正得意洋洋地等著晉軍前來投降，結果突然傳來洛澗失守的消息，這對他無疑是當頭一擊，他開始有些沉不住氣了。他要弟弟苻融陪他到壽陽城頭觀看晉軍的形勢。結果看到晉軍的營帳一座座、一排排，非常整齊，手持刀槍的晉軍來回巡邏，軍紀嚴整，十分威武。苻堅有點害怕了，他對苻融說：「這的確是一支不可輕視的部隊啊。」從那以後，苻堅開始重新重視軍隊的強化訓練和軍紀的嚴明，結果晉軍幾次衝鋒也沒能渡過淝水。時間一長，晉軍害怕秦軍的後援力量來到，對晉軍不利。

於是謝玄想出一個辦法，他利用苻堅爭強好勝的弱點，給苻堅一封信說：「你們深入晉國陣地，現在卻在淝水邊按兵不動，這不像打仗。你們如果有膽量，就後退給我們騰出些地方，我們過河與你們展開戰鬥。」苻堅一方面害怕別人說自己膽小，另一方面也確實想與晉軍真刀真槍地打上一仗，於是就答應了。

在秦軍後撤的時候，晉軍趁勢過河，並且派人散佈謠言說「秦軍敗了」，這一來，秦軍人心渙散，四處亂跑。苻堅一看情況不妙，上馬準備逃，結果被流箭射中。這一仗之後，秦軍元氣大傷，後來又有鮮卑族和羌族的背叛，前秦就垮了。

天道賞善而罰淫

【名言】

天道賞善而罰淫，故凡我造國，無從非彝，無即慆淫，各守爾典，以承天休。……昔先王之教，懋帥其德也，猶恐隕越，若廢其教而棄其制，蔑其官而犯其令，將何以守國？居大國之間，而無此四者，其能久乎？

——《周語中．單襄公論陳必亡》

【要義】

造國，指立國。彝（彝音ㄧˊ），指常規。即，靠近。慆（慆音ㄊㄠ），意思是輕慢、怠惰。典，典則、法典。天休，指上天賜予的福澤。懋（懋音ㄇㄠˋ），意思是勉勵、勸勉。隕越，墜落、衰落。

這段話的意思是：上天獎勵善良的人，懲罰淫惡的人，所以凡是周王室分封的諸侯國，就不允許有違背禮法的現象存在，不允許怠惰淫樂，要各自遵守法典，以承奉上天賜給的福澤。……遵守從前先王的教導，勉力履行德行，還唯恐國家不穩定、會衰敗，如果廢棄先王的教導，又拋棄先王的制度，蔑視先王制定的職官，又違背先王的政令，那麼用什麼來維護自己的國家呢？現在陳國處在晉、楚等大國之間，卻違背先王的教導、制度、職官、政令，沒有這四者，怎麼能持久呢？

該篇說的是周王室的卿士單襄公出使途中經過陳國，看到陳靈公對國家的農事非常不重視，致使國家的農業嚴重受損，民生凋敝。而且整個國家沒有禮節，輕慢使臣，荒淫無度，危機四伏。於是他在回朝向周天子稟報時講了這番話。

「天道賞善而罰淫」，所以，人們應該「明德慎罰」，修養自己的德行，謹防驕奢淫逸。這本來是一個很明白、很基本的道理，但是說起來容易做起來卻很難。歷史上有很多像陳靈公、南唐後主、唐玄宗這樣的人就因為違背了這一原則而導致國破家亡的悲劇。

【故事】

話說周定王執政時期，他派自己的卿士單（單音ㄕㄢˋ）襄公到宋國去訪問。為了再到楚國去，單襄公就要取道陳國。

他到陳國的時候，天剛矇亮，可是仍然能看到陳國的道路上雜草叢生，路邊也沒有來迎接賓客的人。沼澤裡沒有修堤壩，河道裡也沒有架設橋樑。在沒休整完的打穀場上，雜亂地堆著穀物，田裡的莊稼長得和草芽一樣。

單襄公一行人進城以後，發現陳國都城中沒有賓舍供客人休息，沒有人來接待他們。這時，陳國的國君正在和兩名大臣在夏姬家裡玩樂呢！

單襄公非常氣憤地回到周朝都城，向周定王稟告說：「陳侯如果不遭大的災禍，那麼陳國這個國家就會滅亡。」

周定王問：「先生為什麼這麼說呢？」

單襄公說道：「先王曾教導說雨季結束了，就要準備收藏糧食；河道乾涸的時候，就要修建橋樑；草木凋落的時候，就要修繕城郭的房屋。《夏令》中還提醒百姓：『秋收以後要結束打場，準備好簸箕和扁擔，冬天來了要修好房屋。春天來了要播種。』這就是先王們不必耗費財物就能贏得老百姓擁護的原因。但是現在陳國道路堵塞，無人修理，田裡的莊稼沒人管，池澤裡沒有堤壩，河道裡沒有渡船和橋樑，這是違背了先王的教導。」

單襄公停了停又接著說：「我們周朝還有規定，路旁應種植樹木來作為距離的標誌，邊境上應該設有賓舍迎來送往，茂密的牧草要長在沼澤中，林木和水池要在園苑中，其餘地方都是種糧食的。農民的農具應該充分利用，勞動力不能荒廢不用，農民生活優裕、安定，都城裡的管理有條不紊，郊區的百姓有序地參加勞動生產，這樣的國家才是興旺的。可是陳國現在沒有作為路標的樹木，農田淹沒在雜草中，莊稼成熟了無人收割，百姓為滿足國君的享樂而疲憊不堪，這都是拋棄了國家的制度。」

根據對陳國現狀的分析，單襄公說道：「先王還教導我們，上天獎勵善良的人，懲罰淫惡的人，所以凡是周王室分封的諸侯國，就不允許有違背禮法的現象存在，不允許怠惰淫樂，要各自遵守法典，以承奉上天賜給的福澤。遵守從前先王的教導，勉力履行德行，還唯恐國家不穩定、會衰敗，如果廢棄先王的教導，又拋棄先王的制度，蔑視先王制定的職官，又違背先王的政令，那麼用什麼來維護自己的國家呢？現在陳國處在晉、楚等大國之間，卻違背先王的教導、制度、職官、政令，沒有這四者，怎麼能持久呢？」後來，陳國國君陳靈公被夏徵舒殺死，陳國也被楚國消滅。

君寬肅宣惠，臣敬恪恭儉

【名言】

寬肅宣惠，君也；敬恪恭儉，臣也。寬所以保本也，肅所以濟時也，宣所以教施也，惠所以和民也。本有保則必固，時動而濟則無敗功，教施而宣則遍，惠以和民則阜。……敬所以承命也，恪所以守業也，恭所以給事也，儉所以足用也。以敬承命則不違，以恪守業則不懈，以恭給事則寬於死，以儉足用則遠於憂。

——《周語中・劉康公論魯大夫儉與侈》

【要義】

寬肅宣惠，寬厚、整齊嚴肅、遍及、惠愛。敬恪恭儉，忠敬、恪守職責、謙恭、儉約。

本，國家的基業。濟時，因時濟世。教施，施行教化。和民，使民眾和諧。阜，豐厚。承命，承受君命。給事，處理事務。不違，不違背禮制。寬於死，遠離死罪。

這段話的意思是：寬厚、整肅、遍及、惠愛，這是為君之德；忠敬、恪守職責、謙恭、儉約，這是為臣之道。寬厚可以保護基業，整肅可以用來因時救世，遍及可以用來施行教化，惠愛用來和諧民眾。基業得到保護國家必然鞏固，因時而動匡救世務，事業就能成功，教化遍及民眾就能使他們普遍受到教育，以惠愛和諧民眾就會使財物富足。……忠敬用來承受君命，恪守職責用來守護基業，謙恭用來處理事務，儉約用來保證財用充足。用忠敬來承受君命就不會違背禮制，用恪行來守護基業就不會懈怠，用謙恭來處理事務就會遠離死罪，用儉約來保證財用充足就會遠離憂愁。

周定王八年（前五九九年），劉康公到魯國訪問回來，向周定王稟報訪問的情況時，做

了這番關於君臣之道的精彩論述。劉康公的這番議論以當時的「禮制」為依據，對於君德、臣道的總結是富於邏輯性和說服力的。

自古以來，我國就很講究「為政以德」，要求國家的最高統治者和他的臣子都應該具備良好的德行。劉康公的這番論述可以說是為如何做一位好的君主和一個好的臣子提出了具體的道德標準，雖然，他所說的標準受當時時代背景的約束，較多的從「禮」的角度做了論述，但是如果我們揚棄其中君臣之道的成分，在我們的時代背景下重新理解寬、肅、宣、惠、敬、恪、恭、儉這八種德行，無疑是非常有意義的。比如，寬可以理解為寬厚待人，肅可以理解為處事嚴肅認真，宣可以理解為廣泛推行道德教育，惠可以理解為幫助需要幫助的人，敬可以理解為對國家和人民的忠誠敬重，恪可以理解為恪盡職守，恭可以理解為謙虛謹慎、戒驕戒躁，儉可以理解為勤儉廉潔、奉公守法、潔身自好。

【故事】

我國古代的道德思想以儒家倫理為主體，所以儒家倫理所提倡的那種克己奉公、忠於職守的行事作風，處事謹慎小心、時刻有戰戰兢兢的危機感的觀念對古代的官員影響很大。清朝的張廷玉就是這樣一個人。

張廷玉是安徽桐城人，清朝康熙、雍正、乾隆幾代皇帝都十分器重他，他曾官至保和殿大學士、軍機大臣，又代為修撰《明史》總編。這些顯赫的官職、榮耀，都來自他勤於職守、任勞任怨、克己奉公的為官作風。

張廷玉三十歲時，中了進士，在南書房值班，每天早晨七、八點鐘上班，晚上七、八點鐘下班，日復一日，天天如此。他曾經跟著康熙皇帝到塞外十一次，夏天要陪皇帝到熱河避暑，秋天隨同到塞外地區打獵，整天乘馬奔馳，這些活動對於他這個文官出身的人來說真是一次次的考驗，但是他不覺得累，也從不抱怨、從不因此而邀功。康熙四十六年，他又隨同皇帝巡視蒙古各部落，這次出行歷時一百多天，但是就在這一百多天中，張廷玉帽子上始終插著筆，一直沒有離開鞍馬，使得康熙帝對他大為讚賞。

到雍正皇帝即位以後，出於對他為人及行事作風的敬重，對他委以重任。他以大學士身分掌管吏部、戶部、翰林院等重要部門，同時他還要早晚到內廷值班，以準備隨時回答皇帝對某些問題的查詢。皇帝每次問到某個部門的大臣情況時，他總是能說得準確無誤。

有一次，雍正皇帝和他談起為君、為官應該具備的品德時，張廷玉說道：「《國語》書中劉康公有一段論述得很好，他說：『寬厚、整肅、遍及、惠愛，這是為君之德；忠敬、恪守職責、謙恭、儉約，這是為臣之道。寬厚可以保護基業，整肅可以用來因時救世，遍及可以用來施行教化，惠愛用來和諧民眾。基業得到保護國家必然鞏固，因時而動匡救世務，事業就能成功，教化遍及民眾就能使他們普遍受到教育，以惠愛和諧民眾就會使財物富足。忠敬用來承受君命，恪守職責用來守護基業，謙恭用來處理事務，儉約用來保障財用充足。用忠敬來承受君命就不會違背禮制，用恪行來守護基業就不會懈怠，用謙恭來處理事務就會遠離死罪，用儉約來保障財用充足就會遠離憂愁。』臣以為這就是君臣應該恪守的道德。」

雍正皇帝說：「這話的確是很有道理，但做起來恐怕是很難的，難得你具備了忠敬、恪守職責、謙恭、儉約的為臣之德，而我卻沒有能做到寬厚、整肅、遍及、惠愛的為君之德啊！」

後來，西北邊境發生了戰事，張廷玉不但要隨時根據皇帝的要求做出一些緊急部署，而且四面八方的事也都要顧及到。在他到各部處理具體事務的時候，總是有幾十個、甚至上百個人抱著案卷站在他旁邊等著，有時他坐在車子裡或者在馬上都有人找他批示公文。張廷玉還同時肩負著十餘處史館的管理工作，參與編纂史書的人有時會向他提出一些學術上的問題，他都一一解答。晚上回到寓所，他的門生、賓客又總是早早地在等著與他討論問題。為處理公文，他很晚才休息。一旦想起哪裡有不妥當的，他又披衣而起，做一些修改，黎明時交給書記員抄寫。在他八十歲的時候，仍然頭腦清醒，精力旺盛，對自己的小錯誤都會深深自責。

像張廷玉這樣任勞任怨、兢兢業業的人在我國歷史上還有很多，他們對工作的嚴謹態度都值得後來的人學習。

人臣而侈，亡之道也

【名言】

二子者侈，侈則不恤匱，匱而不恤，憂必及之，若是則必廣其身。且夫人臣而侈，國家弗堪，亡之道也。

——《周語中・劉康公論魯大夫儉與侈》

【要義】

匱，指缺乏、貧窮。廣其身，指不顧君主的利益只顧中飽私囊。

這段話的大意是：叔孫氏和東門氏兩家生活奢侈，生活奢侈就不會給窮困的人體恤和幫助，窮困的人得不到體恤，憂患必然會落到他們身上，如果這樣，他們一定是不顧君主的利益而只顧中飽私囊的人。況且作為國家的大臣而生活奢侈，國家財力怎麼能承受得了，這是一條自取滅亡的道路啊！

劉康公到魯國訪問時，發現季文子和孟獻子很節儉，而叔孫宣子和東門子家都很奢侈。於是回來之後向周定王稟報說，他認為叔孫、東門兩家有滅門的危險，其原因就是「人臣而侈，國家弗堪，亡之道也」。

「歷覽前賢國與家，成由勤儉敗由奢」，節儉在我國的傳統倫理體系中，一直是一種非常重要的美德。因為節儉不但可以促進人們提高自身的道德修養，而且對事業的成敗也有舉足輕重的作用。而奢侈可以說是邪惡中的大惡，歷朝歷代因奢侈而導致國破家亡的例子不勝枚舉。所以，我國歷代的明君賢臣都自覺地厲行節約，反對奢侈浪費，提倡節儉。

【故事】

清朝的乾隆皇帝在位的時候，平定了大小金川，征服了準噶爾汗國，在和緬甸、越南、尼泊爾的戰爭中也取得了勝利。他志得意滿，驕傲起來，誇耀自己建立了「十大武功」，把自己稱為「十全老人」。他愈來愈貪圖安逸，自以為是，喜歡聽頌揚的話。於是，一些人就靠討好奉承取得了他的寵信，掌握了大權。其中最具代表性的就是大貪官和珅。

和珅原來是一名大內侍衛，由於一個偶然的機會得到了乾隆的賞識，讓他做了御前侍衛。和中是一個非常伶俐的人，乾隆想要做什麼，他件件都辦得讓乾隆非常稱心；乾隆喜歡聽順耳的話，和珅就盡揀好聽的說。日子長了，乾隆就把和珅當作親信，和珅也步步高升。不出十年，便從一個侍衛提升到了大學士、軍機大臣、九門提督，乾隆還把他的女兒和孝公主嫁給了和珅的兒子，此時的和珅真可謂是「一人之下，萬萬人之上」。

和珅掌了大權之後，別的事他沒有心思去管，除了繼續想方設法讓乾隆高興外，剩下的就是一味地搜刮財富了。

他不但接受賄賂，而且公開勒索；不但暗中貪污，而且明著掠奪。地方官員獻給皇帝的貢品，都要先經過和珅的手。和珅先挑最精緻稀罕的自己留下，剩下的再送到宮裡去。

乾隆從來沒有查問過，大臣也都不敢告發。

於是和珅的膽子是愈來愈大，利用自己手中的權力，千方百計地搜刮財富。而朝臣和官員們也發現，如果向和珅行使賄賂，就有被提拔重用的可能；如果不向和珅行使賄賂，就有被排擠和打擊的危險。所以，一些朝臣和官員們就盡量搜刮奇珍異寶去討好和珅；大官壓小官，小官又向百姓層層壓榨，百姓苦不堪言。慢慢的，所謂「康乾盛世」的基業，就這樣被和珅領著一群貪官污吏給掏空了。

乾隆做了六十年皇帝，把皇位傳給了嘉慶帝。嘉慶帝當太子的時候，就知道和珅是一個貪贓枉法的大貪官。等乾隆皇帝一死，他馬上就把和珅抓了起來，令其自殺，並且派官員查抄和珅的家產。和珅的豪富本來就是出了名的，但是抄家的結果，還是讓眾朝臣吃了一驚。長長的一張抄家清單，記載著金銀珠寶、玉器古董、田地房屋等財物不計其數，粗略一算，就有差不多白銀九億兩了。那時清朝國庫一年的總收人才八千萬兩，和珅當權二十年，貪污的數目相當於十二年的全國總收入，真是令人驚駭。

大貪官和珅的自取滅亡，又一次以事實證明了「人臣侈，國家弗堪，亡之道也」這句話的正確性。

賞罰宜以德義為據

【名言】

若貪陵之人來而盈其願，是不賞善也，且財不給。故聖人之施捨也議之，其喜怒取與亦議之。是以不主寬惠，亦不主猛毅，主德義而已。

——《周語中・王孫說請勿賜叔孫僑如》

【要義】

貪陵，指貪婪驕橫。盈，指滿。施捨，指施予或不施予。取與，分別指索取、給予。主，指取得……的名聲。猛毅，威嚴、果毅。這段話的大意是：如果貪婪強橫的人來而滿足了他的願望，這是不獎勵良善啊！而且財物也無法滿足他固有的貪欲。所以聖人在施予與不施予問題上是要計議的，在該喜、該怒、該取、該給的問題上也是要計議的。因此，賞不是為了獲取寬厚慈惠的好名聲，罰也不是為了獲取威嚴果毅的好名聲，只是為了賞得其人，罰得其罪，按照仁德、道義來行事罷了。

周簡王八年（前五七八年），魯成公欲朝見周天子，便派叔孫僑如為先遣人員，攜禮物先到周替自己朝見周簡王做準備。周大夫王孫說出面接待了叔孫僑如，在談話中，王孫說感覺叔孫僑如語言諂媚，為人貪鄙。所以，王孫說在向周簡王稟報時，建議不要給叔孫僑如賞賜，並提出賞罰應該以德義為根據的論點。

賞與罰是一種激勵機制。賞是為了提倡，罰是為了制止。但以什麼作為賞與罰的標準會影響到整個國家和社會的價值取向。在這個重要問題上，王孫說提出了賞罰的標準在於是否合乎仁德、道義，使善者得其賞，惡者得其罰，這樣一方面有利於匡正世風，維護國家的安定團結；另一方面也是對君王和大臣們提出要求，希望他們能夠具有剛正不阿、不受蒙蔽、不畏權貴、秉公辦事的精神，這充分反映了古代人們期盼社會公平的思想。

【故事】

明朝的第十一個皇帝明世宗繼位以後，寵信奸臣嚴嵩。嚴嵩利用當宰相的職權，勾結拉攏了一批親信官僚，貪贓枉法，無惡不作。誰要是敢揭發他們，輕的被罷官，重的被處死。可是在浙江淳安縣卻有一個小小的知縣，能夠秉公辦事，對嚴嵩的同黨一點不講情面，那個人就是海瑞。

海瑞是海南島人，自幼沒了父親，他的母親獨力將他扶養長大，生活非常貧苦。二十多歲時，海瑞中了舉人，做過縣裡的學堂教師，教育學生十分嚴格。不久，他被調到浙江淳安做知縣。他到任後，認真處理了積案，不但能夠秉公執法，而且還具有過人的聰明才智，破了很多疑難案件。對於那些平日依仗官勢的權貴，他從來不去阿諛奉承。

有一次，他的頂頭上司浙江總督胡宗憲的兒子帶了一大批隨從經過淳安，住在淳安縣的官驛裡。這個胡宗憲是嚴嵩的同黨，又是浙江的總督，在淳安這種小地方自然是非常顯赫的權貴，所以這位胡公子氣焰囂張，不可一世。要是到了別的縣裡，知縣奉承都還來不及。但到了淳安，海瑞立下的規矩就是，不管什麼樣的達官貴人，一律按普通客人招待。

胡宗憲的兒子平日養尊處優慣了，一看到驛吏拿平常飯菜招待他，他就認為是有意怠慢他，氣得把飯桌掀了，喝令隨從把驛吏綁起來，倒吊在樑上，準備給海瑞一個下馬威。

驛站裡的差役趕緊把這情況報告給海瑞。海瑞早知道胡家公子招搖過市，心裡很反感。現在他竟無端吊打驛吏，就覺得非得殺一殺他的氣焰不可。海瑞考慮了一陣，想出一條妙計。他聽完差役的報告，就很鎮靜地說：「胡總督是個清正廉潔的好官，他早就有吩咐，要各縣招待過往官吏不能鋪張浪費。現在來的那個花花公子，排場闊綽，必定不是胡大人的公子，一定是什麼地方來的騙子。」

然後，海瑞立刻帶了一大批差役趕到驛館，把胡宗憲的兒子和隨從都抓起來。那胡公子仗著父親的權勢，蠻橫慣了，見海瑞這樣對他，暴跳如雷，還威脅海瑞要讓父親罷他的官。海瑞卻一口咬定胡公子是假的，嚇唬他要重辦，這才壓下了他的氣焰。海瑞還把他包裡的一千多兩銀子沒收充公了，並把他趕出縣境。

等胡公子回到杭州向他父親哭訴的時候，海瑞的報告也送到總督府，說有人冒充胡公子，非法吊打官吏。胡宗憲知道自己兒子吃了虧，但海瑞就是不承認抓的是胡公子，他也不好說什麼了，只好打落門牙往肚子裡吞。

過了不久，又有一個京城裡派出的御史懋卿來到淳安。這個人是嚴嵩的乾兒子，敲詐勒索的手段更是狠毒，每到一個地方，當地官員要是不孝敬他一筆錢，他是不肯放過的。但就是這個懋卿，偏偏又好擺出一副清正廉潔的樣子，通知各地說不准在接待他時鋪張浪費。

海瑞聽說懋卿要到淳安，給懋卿寫了封信說：「我們接到的通知，是要求從簡接待。可是據我們所知，您每到一個地方都是大擺宴席，這就教我們為難了。按通知辦事怕怠慢了您，要是也鋪張浪費，又怕違背您的意思。請問該如何是好？」懋卿看了這封信非常惱怒，知道海瑞鐵面無私，胡公子也曾在他那裡吃過虧，就只好繞過淳安到別處去了。回京後，又聯合嚴嵩和浙江總督胡宗憲在皇帝面前告了海瑞一狀，海瑞不久就被撤了職。不久，朝廷大臣之間互相傾軋，嚴嵩也失了勢，懋卿也被充軍到邊疆。海瑞因為不畏權貴的好名聲，又被官復原職。

佻天之功為己力者難

【名言】

佻天之功以為己力，不亦難乎？佻天不祥，乘人不義，不祥則天棄之，不義則民叛之。

——《周語中・單襄公論郤至佻天之功》

【要義】

佻（佻音ㄊㄠ），偷、盜取。乘人，指凌駕、超越別人。

這段話的意思是：郤（郤音ㄒㄧ）至貪天的功勞，並把其歸於自己，不吉利；欺凌別人，蓋過別人，不符合道義。不吉祥，天就會拋棄他；不合道義，人民就會背叛他。

周簡王十一年（前五七五年），晉國在鄢陵之戰中大勝楚國。晉厲公派郤至向周天子報捷，郤至趁機在周朝廷上自吹自擂，認為自己的才能超越晉國的其他七卿，所以奏請周天子任命他為正卿，執晉國國政。針對郤至的謬論和野心，周大夫單襄公進行了駁斥和揭露。

中國有句古語說：「滿招損，謙受益。」這個道理很淺顯，但確有許多人在這上面栽了跟頭，而且，驕傲自負往往是有成就的人容易犯的一個通病。這看起來有點奇怪，聰明、有才能、有成就的人怎麼會在這種小事情上犯錯誤呢？

事實上這是很合理的，因為凡驕傲自負者往往都有一定的才幹，如郤至帶晉軍打了勝仗等。所以他們往往不能正確的看待自己，認為自己具有別人所不具有的能力，從而忘記了很多基本的原則，甚至為了炫耀自己的才能以凌駕於別人之上而貪天之功，以為己力。這樣做往往為以後的悲劇埋下伏筆，如郤至就自以為才能超越了其他七卿而目空一切，最終郤被晉厲公所殺，走向了負面。其實，愈是聰明、有才能的人愈要注意謹慎二字而且是牢記謹慎二字，嚴以律己，不斷進取，這樣才能使他不斷地從一個成功走向另一個成功。

【故事】

晉國在鄢陵打敗了楚國，派郤（郤音ㄒㄧˋ）至向周王報喜。在舉行告慶的禮節以前，王叔簡公請郤至飲酒，宴飲時互贈的禮品都很豐厚，席間談笑風生，氣氛融洽。

第二天，王叔在朝廷上稱讚了郤至。同時，郤至見到了邵公並和他談了話。

郤公在上朝時，把談話內容告訴單襄公說：「王叔讚譽郤至，認為他一定能夠在晉國掌權，他掌權，一定能夠大大地得到諸侯的擁戴，因此勸在朝的各位公卿一定要說動晉侯提拔郤至為上卿，以便在晉國建立同黨，互相支持。現在郤至會見我，他認為晉國戰勝楚國，實在是出於他的謀劃。他說：『如果不是有我在，晉國就不會跟楚作戰了！楚國有五個必敗的原因，晉國卻不曉得見機行事，我就硬逼著他們開戰。楚國背棄盟約，這是它必敗的第一個原因；楚王威德不夠而用土地賄賂諸侯，使它們追隨自己，這是第二個原因；把壯年的優秀人才申叔時棄而不用，卻用幼弱的司馬子反，這是第三個原因；使子囊做卿士，卻又不採納他的意見，這是第四個原因；東夷和鄭國追隨楚國作戰，又各自為政，軍令不一，這是第五個原因。楚國背盟，罪不在晉，晉國的行為深得民心。晉國的上、中、下三軍以及新軍的主帥，戰鬥力很強，部隊紀律嚴明，諸侯歸附。我們

有五個必勝的原因：楚國背盟，晉國理直氣壯，這是一；晉得民心，楚失民心，這是二；將帥剛強，富有抗擊力，這是三；部隊齊整，步調一致，這是四；諸侯間團結和睦，這是五。五勝中只要有一勝就夠用了，何況以五勝而伐五敗！如此還要躲著敵人，真不能算作人！這一仗不能不打。欒書、范士燮（燮音ㄒㄧㄝˋ）不想出戰，我硬要他們打。這一仗打勝了，當然是我的功勞啊。再說戰鬥時，我也有三大功勞：勇猛，有禮貌，以仁愛為根本。我三次挫敗楚軍，這是勇；看到楚君一定下車急行，這是禮；雖然可以俘虜鄭伯，而我有意放走了他，這是仁。像我這樣的人去主持晉國的政事，楚國、越國一定會來朝見。」

「我說：『你儘管是一個有賢才的人，但是晉國提拔正卿，不能沒有一個次序，我恐怕主政的事一下子還輪不到你。』他對我說：『哪有什麼次序？從前荀林父從下軍的輔佐（第六位）升到正卿，主持政事；趙盾不是主帥，沒有軍功，從中軍之佐（第二位）升為正卿；現在的欒伯就是從下軍主帥即第五位的卿升為正卿。這三個人都是越級任用，加上我共四個人，我的才能只有超過而沒有不及他們的地方，要是我從新軍之佐第八位升為正卿，不也可以嗎？我一定得設法達到目的。』這是他說的話，您以為怎麼樣？」

單襄公說：「人們有一句話說：『刀架在脖子上還不知死之將至。』這大概是說郤至吧！德才兼備的人是不誇耀自己的，倒不是因為謙虛，而是討厭用自誇來抹煞別人。這個人（指郤至）一心想超越他上面的人，他的才德卻不足以蓋過別人；如果爬到了別人的頭上，那他對下面的壓迫就更加厲害。所以聖人以謙讓為貴。而且諺語說：『野獸憎恨捕捉牠的網子，百姓憎恨壓迫他們的高高在上的統治者。』《尚書》上說：『對待老百姓只可以親近恩撫，而不能騎在他們頭上作威作福。』《詩經．大雅．旱麓》上說：『和悅近人的君子，以禮求福，不走歪門邪道。』以禮說來，同等地位的人也一定要再三謙讓。這說明聖明的人懂得人民是不可侮的。所以統治天下的人，一定要把老百姓的利益放在前面，然後才能受到庇蔭，得到長遠的福利。現在郤至的位置在七人之下，而想爬到七人的頭去，這是強求蓋過七人，將必遭到七個人的怨恨。怨在小民，尚且不能忍受，何況國家的大臣呢！他將憑什麼去對付這些人的反對？」

「晉國打敗楚國，這是上天對楚國有所厭惡，所以用打敗仗來警告它。但是，郤至郤貪天的功勞，並把其歸於自己，不吉利；欺凌別人，蓋過別人，不符合道義。不吉祥，天就會拋棄他；不合道義，人民就會背叛他。再說，郤至何嘗有三件大功呢？他所吹噓的

仁、禮、勇，都是人民所為和作戰將士的功勞。為國效力不怕犧牲叫做勇；奉行正義，順守法則叫做禮；蓄義積德，擴大功業叫做仁。用奸詐去行仁，是類似偷盜的卑鄙行為；用奸詐去盡禮（指見楚王必下而趨事），是一種可恥的卑鄙行為；用奸詐以表示勇敢是一種可恥的叛國行徑，戰爭以徹底消滅敵人為上策；和睦相處，以遵循道義為要事。所以指揮戰爭，要求果敢剛毅；制定朝綱，要有條不紊，不越爵授官，政令才有成效；捨棄了戰爭時應有的果毅，去行那些無謂的儀容（指見楚君下趨），這是可恥的行徑；背叛本國，私放鄭伯，討好敵人，這是盜取虛名，有三種奸詐的行為而要求替代在他之上的人升為正卿，他主持國政的距離太遙遠了。照我看來，郤至是刀架在脖子上，死到臨頭，不會長久了。即使我們的王叔簡公，恐怕也要受到牽連，難免於難。《尚書．泰誓》說：『人民所希望的，上天一定會滿足他們。』王叔簡公既然跟郤至要好，能不命運相同、禍福相從嗎？」郤至回到晉國，第二年，就被晉厲公誅殺。此後，王叔簡公與伯輿爭奪政權，王叔鬥不過他，只好逃奔到晉國。

民之所欲，天必從之

【名言】

民之所欲，天必從之。

——《周語中・單襄公論郤至佻天之功》

【要義】

單襄公在論述了郤至「佻天之功以為己力」之後，認為他的所作所為會招致天命的拋棄、晉國其他七卿的怨恨和人民的反叛。在這裡他引用了《尚書・泰誓》中的這句話，大意是說：民眾所希望要求的，上天必定會依從他們。單襄公以此來說明郤至的災禍難以避免。

在我國古代，一般認為君權來自於天，所以君王又稱天子。由於天意、天命無法預測，一些賢明的君王和大臣便把天意天命與民意民心聯繫起來，認為民心民意就代表了天意天命，並以此來作為警戒，這在一定程度上可以使君王顧及民生的疾苦，是具有一定進步意義的。而我們從中國幾千年的王朝更替與興衰中也的確可以得出一條規律，那就是「得民心者得天下，失民心者失天下」。所以歷朝歷代的明君、賢臣、聖哲都曾有過「以民為本」的政治思想。

《尚書》中除了「民之所欲，天必從之」之外，還有「民為邦本，本固邦寧」的說法，從而簡潔明快地道出了「民為萬世之本」的真理。孔子曾將君民關係生動地比喻成舟與水的關係：「君者，舟也；庶人者，水也。水則載舟，水則覆舟，君以此思危，則危將焉而不至矣。」孟子更是明確提出了「民為貴，社稷次之，君為輕」的思想。呂不韋在《呂氏春秋．順民》中也表述了這一思想：「故凡舉事，必先審民心然後可舉。」提出執政者在做出重大決策之前，必須首先考察民心所向，然後才能決定是否可行，也就是說必須得到人民支持。而那些最終亡國滅身的君主也都是與人民離心離德之輩。

【故事】

在我國歷史上，由於統治者實行暴政，從而喪失民心，進而引發民眾造反推翻舊的統治者的事例不斷地發生，秦朝末年的陳勝、吳廣起義就是典型的一例。

秦始皇統一六國以後，對老百姓實行嚴刑酷法的高壓統治政策。他為了抵抗匈奴，建造了長城，發兵三十萬，徵用了幾十萬民工；為了開發南方，他又動用了三十多萬軍民。為了滿足他的奢侈欲望，他動用了七十萬囚徒為他修建豪華的阿房宮。到他的兒子秦二世即位的時候，又從各地徵調了幾十萬囚犯和民工修建秦始皇的陵墓，他們把大量的銅熔化以後灌下去鑄造地基，在地基之上又蓋了石室、墓道和墓穴。秦二世叫民工在墳墓裡挖出江河湖海的形狀，並灌了水銀，為他父親建造了一座地下的山河。最為殘酷的是，建造完之後，秦二世害怕工匠以後帶領人來挖墳，就把所有造墳的工匠都活埋在墓穴裡。

那時候，全國人口不過幾千萬，經過修長城、守嶺南、修阿房宮、造秦始皇陵數次的徵用，全國動用的人口已達近三百萬，嚴重影響了農民的生產，人民怨聲載道。而且，秦二世還不甘休，要在他父親的基礎上，把阿房宮修得更奢侈，於是繼續徵用民工，老百姓更是苦不堪言，心中都在怨恨殘暴的皇帝，盼望秦朝快點滅亡。

秦二世元年（前二〇九年）的一天，從陽城被徵用來的九百名民工在兩個軍官的押解下前往漁陽去防守。軍官從這批人中挑了兩個比較精幹的人做屯長，一個叫陳勝，一個叫吳廣。這兩個人都比較有遠見，特別是陳勝，一直想做出一番大事業。陳勝和吳廣本來

並不認識，後來都被徵集到一塊做民工，就同病相憐，很快成了朋友。

這支隊伍走到大澤鄉的時候，遇上大雨，道路被淹沒沒法通行，行程就被耽擱下來。按照秦朝的法令，如果被徵用的民夫不按時到達的話，就要被砍頭。大家都急得不得了。

這時，陳勝就跟吳廣偷偷商量：「這兒離漁陽還有幾千里，無論如何我們是趕不上了，難道要我們白白走幾千里地去送死嗎？」吳廣道：「要不行，咱們就趁機溜掉。」陳勝說道：「溜掉被抓回來死得更慘。反正都是死，乾脆我們起來造反。老百姓吃秦朝的苦也吃得夠多的了。聽說現在的皇帝本來並不是太子，該當皇帝的應該是扶蘇；還有楚國的大將項燕也是立過大功的，咱們現在可以藉著他們的名義起義，一定會有許多百姓來歸順咱們的。」吳廣完全贊成陳勝的主張。

那時的人都很迷信，為了讓老百姓有起義的勇氣，他們就製造了一些怪異現象，比如在魚肚子裡塞上布條，寫上「陳勝王」，還學狐狸叫「大楚興、陳勝王」等。大家都很奇怪，對陳勝有了些敬畏。

一天，吳廣故意跑去找兩個軍官，勸他們散夥。兩個軍官大怒，便責打吳廣，吳廣就奪過寶劍殺了一個軍官，陳勝殺了另一個。這時，民工們都圍上來，陳勝趁機講道：「男子漢大丈夫，死要死得有名堂；王侯將相，難道天生就該富貴嗎？」大夥齊聲喊道：「我們聽您的號令。」陳勝說：「那好，秦王朝對我們如此暴虐，我們是不是應該揭竿而起推翻它？」大夥又齊聲喊道：「是，推翻它！」

大夥推選陳勝、吳廣為首領，並對天起誓，同心協力推翻秦朝。九百條好漢一下子就把大澤鄉佔領了。臨近的農民聽到消息後，也紛紛前來參加。就這樣，陳勝、吳廣建立了第一支農民起義軍。

在陳勝、吳廣的帶領下，起義軍迅速打下了陳縣，他們的口號就是征伐暴虐的秦國，這一口號得到老百姓的積極回應，有很多人加入到起義軍中。陳勝被擁戴為王。後來，起義軍的力量不斷得到壯大，秦王朝很快就被推翻了。

高位實疾顛

【名言】

高位實疾顛，厚味實臘毒。

——《周語下．單襄公論晉將有亂》

【要義】

實，句中的語助詞，不表達意思，用來加強語氣。疾顛，指很快顛仆，引申為很快垮台。臘毒，指有毒的東西，極毒。

這句話的意思是：居於高位的人，實在是很容易迅速垮台的；享有重祿的人，實在是很容易遭到禍害的。

周簡王十二年（前五七四年），單襄公在柯陵之會上見到晉厲公和他的三位大臣均驕傲自大，不知禮數而任意妄為。單襄公因此敏銳地預見到他們都將不免於難；晉國也必將有內亂。對此，他說出了這句富含辯證法色彩的名言。

這句話粗看起來有些矛盾，地位高的人怎麼會垮台也快呢？然而事實卻經常是這樣，地位高的人權力大，利用權力做的事也多，然而如果他們不修德行善，謹言慎行，他們犯錯誤、做壞事的可能性也比一般人大得多，造成的後果也比一般人嚴重得多，所以單襄公說「高位實疾顛，厚味實臘毒」，既是對以上道理的總結，也是對歷史上發生的事件的總結。歷史上有許多人，身在高位時，不能謙遜謹慎，終招大禍，如晉厲公的這三位大臣居高位而恣意妄為，走向了反面，被厲公殺死。而晉厲公本人後來也被欒書、中行偃所弒。

的確，正如單襄公所說的那樣，高位與疾顛、厚味與臘毒、福與禍是相對的，表面看起來有對立性，但事實上又相互關聯，相互依存，有著統一性。而且矛盾在一定的內部、外在條件的影響下會發生相互之間的轉化。

【故事】

柯陵會盟時，單襄公看見晉厲公總是一副昂首闊步、趾高氣揚的樣子。晉國的大臣郤錡來見單襄公，說的話很衝，總是在冒犯別人；郤犨（郤犨音ㄒㄧ ㄔㄡ）來見，說的話儘管迂迴委婉，卻好像是在誣陷別人；郤至來見，說的話一味誇耀自己的功勞。齊國的國佐來見，說話過於坦誠，把自己的心意都盡情訴說出來，善惡褒貶，無所顧忌。魯成公來見，講到晉國責難魯國以及郤犨捏造事實誣陷魯國的事情。

單襄公對魯成公說：「你不應該有什麼擔心的！晉國將要發生禍亂了，他的國君和三郤大概都難於逃脫吧！」魯侯說：「我怕免不了遭受晉國的迫害，現在你卻說他們將有禍亂，請問這是天道使然呢，還是由於人事關係的原因呢？」

單襄公回答說：「我不是瞽（瞽音ㄍㄨˇ）和史，怎麼懂得天道呢？我看到晉侯的神態，並聽到三郤的說話，從這裡推測他們必將招致災禍的啊！人的眼睛是身體動作的嚮導，腳步是受眼睛支配的，因此觀察人的神態就可以瞭解人的心思。眼睛用來審定什麼事情應該去做，如果腳不聽眼睛指揮，他的心思必定異常。心思和行動不一致怎麼能長久呢？」

「會合諸侯是諸侯國以及人民的大事情，從這可以看出國家的興衰存亡。所以國家倘若不會有什麼災難的話，他的國君在盟會之際，行、言、視、聽一定都無可挑剔，從中也可以知道這個國君是有德行的了。如果心不在焉，就會日漸忘記他應該切實去做的好事；步履失儀，就會日漸丟掉他必須切實履行的禮節；言不由衷，就會經常違反信用；聽覺惑亂，不辨是非，就會日漸失去好的名聲了。眼睛注視應當合乎禮儀，行動實踐要合乎道德，講話要維護信用，耳朵要明辨是非，所以不可以不謹慎從事。行、言、視、聽四者，部分地喪亡就要犯錯誤，危及自身，如果完全喪失，國家也就會因此滅亡。晉侯犯了行和視的兩種錯誤，所以我才那麼說。」

「郤氏是受國君的寵信而當權的人。郤氏中有三人為卿，五人為大夫，對此應當有所戒懼了！居於高位的人，實在是很容易迅速垮台的；享有重祿的人，實在是很容易遭到禍害的。現在郤伯（郤錡）的話失之於犯，苦成叔（郤犨）的話失之於迂，溫季（郤至）的話失之於伐。犯則容易凌辱別人，迂則容易誣陷別人，伐則容易掩蓋別人。有這樣的寵信，再加上凌人、誣人、掩人的行為而招致別人的怨恨，還有誰能忍受他們這樣的態度呢？即使齊國的大臣也將與他們同樣得禍。處在混亂的國家，又喜歡盡其心意、無所顧忌地講話，以指摘別人的過失，這就是招怨的根源。只有那些想聞過以求自改的善良之人，才能接受善惡褒貶、無所忌諱的意見，齊國難道有這樣的人嗎？我們說，自己國家有德而和不修德的國家為鄰，一定會得到福利。現在你們被晉國所逼而與齊國為鄰，齊、晉都有災禍，魯國可以稱霸天下了；你擔心的是無德，對晉國還怕什麼？再說那個叔孫僑如，好利而不義，慣於做淫亂之事，不可在朝中留用，把他流放出去你看怎麼樣？」

魯侯回國後，就放逐了叔孫僑如。周簡王十一年（前五七五年），諸侯各國在柯陵集會。周簡王十二年（前五七四年），晉厲公殺三郤。周簡王十三年（前五七三年），晉侯被殺，葬在翼城的東門，葬時只用了一車四馬的簡單禮儀。同年齊靈公也殺了國武子。

能文則得天地

【名言】

必善晉周，將得晉國。其行也文，能文則得天地。……夫敬，文之恭也；忠，文之實也；信，文之孚也；仁，文之愛也；義，文之制也；智，文之輿也；勇，文之帥也；教，文之施也；孝，文之本也；惠，文之慈也；讓，文之材也。象天能敬，帥意能忠，思身能信，愛人能仁，利制能義，事建能智，帥義能勇，施辨能教，昭神能孝，慈和能惠，推敵能讓。此十一者，夫子皆有焉。

——《周語下・單襄公論晉周將得晉國》

【要義】

文，指文德，即經緯天地的治國才能。恭，恭敬。孚，誠信。制，節制。輿，即車。施，指施行德化。本，指根本。材，用的意思。象天，指效法天德。帥，遵循。事建，指能立身處事。推故，表謙讓，指把好的事物推讓給與自己地位相等的人。夫子，古代的一種尊稱，這裡指公子周。

這段話的意思是：你一定要好好對待公子周，他將來一定會成為晉國國君的。這是因為他的品德可以稱得上是「文」了，而具有「文」德就可以得到天地的保佑。……敬，體現了文德中的恭謹美德；忠，體現了文德中的誠實美德；信，體現了文德中的誠信美德；仁，體現了文德中的慈愛美德；義，體現了文德中的節制美德。智，是載行文德的車子；勇，是遵行文德的表率；教，是實行文德的手段；孝，是文德的根本；惠，體現了文德中的惠愛美德；讓，是文德在應用中良心的體現。效法天德就能做到誠敬，遵循自己的心意並能推而行之就能做到忠誠，時刻反省自身就能做到有信用，愛護他人便是仁德，節用財物就能做到仁義，善於處事立身便是有智慧，循義而行就是勇敢，能明辨是非就能施行教化，彰顯神靈才能做到孝親尊長，慈愛和睦才能做到仁惠，能對地位相等的人講禮節就是謙讓。這十一個方面的美德，公子周都具備了。

單襄公透過對晉公子周平日言談舉止、品德儀容的觀察，認為他具備了作為國君的條件，預測他日後必為晉國國君，於是他對兒子頃公說出了這番話。

單襄公作為一位具有遠見卓識的政治家，他的議論表達了他心目中國君應具備的政治素質，即應具備文德。具有文德就是說具有經天緯地治理國家的道德和才能，文德是各種美德的總稱，它包含了敬、忠、信、仁、義、智、勇、教、孝、惠、讓十一種具體美德。單襄公的這種思想體現了古代政治家們以德為主、德才兼備的人才思想和修身律己、以國為重的政治思想。

【故事】

晉襄公的孫子叫惠伯談。惠伯談的兒子公子周曾經被晉國派到周王室來，侍奉單襄公。公子周平日裡立不斜身，目不斜視，言不高聲，凝重端莊，從容安詳，舉止言談中顯示出良好的教養、淳樸的德行以及對於故國深厚的感情，單襄公對他非常器重，並不時地給予指點和教誨。

單襄公病重之時，把自己的兒子頃公叫來，並告訴他說：

「你一定要好好對待公子周，他將來一定會成為晉國國君的。這是因為他的品德可以稱得上是經緯天地的『文』了，而具有『文』德就可以得到天地的保佑。敬，體現了文德中的恭謹美德；忠，體現了文德中的誠實美德；信，體現了文德中的誠信美德；仁，體現了文德中的慈愛美德；義，體現了文德中的節制美德。智，是載行文德的車子；勇，是遵行文德的表率；教，是實行文德的手段；孝，是文德的根本；惠，體現了文德中的惠愛美德；讓，是文德在應用中良心的體現。效法天德就能做到誠敬，遵循自己的心意並能推而行之就能做到忠誠，時刻反省自身就能做到有信用，愛護他人便是仁德，節用財物就能做到仁義，善於處事立身便是有智慧，循義而行就是勇敢，能明辨是非就能施行教化，彰顯神靈才能做到孝親尊長，慈愛和睦才能做到仁惠，能對地位相等的人講禮節就是謙讓。這十一個方面的美德，公子周都具備了。」

「從前，周文王之所以能夠得到天下，就是因為他具備了文德。而公子周可以說是繼承了文王的優點，而且他與晉君的血緣又近，所以一定可以入主晉國。再說公子周立不斜身，這代表了他這個人正直；目不斜視，說明了他內心的端肅；聽不豎著耳朵，這是堅定的表現；說話不高聲大氣，這是謹慎的表現。正直，是成就文德的道路；端肅，是成就文德的憑信；堅定，是成就文德的歸依；謹慎，是守護文德的保證；擁有美德而且使之完美堅固，德行純正而且行事有信，這就是公子周美德彰顯的表現啊！謹慎、堅定、端肅、正直，這些都是文德的輔助。心懷故國，與晉國的榮辱共悲歡，這說明他從不背棄根本。這樣的人怎能不主國政呢？」

單頃公聽從了他父親的話，一直善待公子周。到了晉厲公被殺後，晉國人迎回公子周並立他為君，這就是晉悼公。

必有忠信，順於時動

【名言】

及其得之也，必有忠信之心間之。度於天地而順於時動，和於民神而儀於物則，故高朗令終，顯融昭明，命姓受氏，而附之以令名。

——《周語下・太子晉諫靈王壅谷水》

【要義】

朗，指高貴、尊貴。令終，指美好的成就。顯融，指顯赫久長。令名，指好名聲。

這段話的意思是：歷代得到天下的人們，一定是以忠義誠信之心取代他們放縱享樂的想法，而遵循天地間自然的法度，順從春夏秋冬四季循環的時序而行動，和諧民眾與精靈，符合天地萬物生生滋長的規律。因此，他們才能顯貴善終，彰顯功績大業，賜姓受氏，而且隨之得到美好的名聲。

周靈王時，天降大雨，谷水與洛水兩條河流爭道，將要淹毀王宮，靈王想堵塞水流，以保住五宮。太子晉以應該順應自然立論，進行了勸諫。但靈王不聽，堵塞了水流，後終釀成大亂。

從太子晉的勸諫中，我們可以在以下兩個方面得到啟示：

一是無論做什麼事，首先要認清事物發展的規律，然後按照規律去行事處世，才能取得預期的成功。在認清事物發展規律的過程中，我們一定要從事物本身的實際出發，去尋找其固有的、內在的規律性，而不要去主觀臆斷；在按規律行事的過程中，我們也應該充分發揮自己的主觀能動性，而不是在規律之下無所作為。

二是在行事方法上應該貴疏導戒堵塞。導與堵是兩種不同的行事方法：堵可以在短時間內取得明顯成效，但治標不治本，事物自身的隱患並沒有被消除，一旦重新發作，會造成更嚴重的後果；導的方法一般在初期會使事物看起來發作得更厲害，而且很難在短時間取得顯著成效，但從長遠看，這是一種治本的好辦法，初期讓各種衝突充分暴露出來加以疏導，事物自身的隱患也就會被逐步消除。

【故事】

周靈王二十二年（前五五〇年），天降大雨，谷水和洛水氾濫爭道，將要沖毀王宮。靈王想堵截流水以保護皇宮，太子晉勸諫說：「不可以這樣做。我聽說古代聖明的君主，對於順應天性行事這一點是非常慎重的。他們一般不墮毀山丘，不填高沼澤，不堵截河流，不濫挖湖堤。天地形成之時，土石積聚成為高山，萬物依歸生長於低窪的沼澤地區，河流、湖泊用來滋潤大地，所以，自然帶給人們一個可以休養生息的場所。高山不被墮毀，沼澤不被填高，人們的生活就會有依歸；河流不被堵截，湖堤不被濫挖，水流就會宣洩通暢。這樣，人民的生活才會安樂，君臣上下才能相互團結，意外災禍即使發生也能很快被消滅。

「從前共工背棄了這個順應自然的道理，沉湎於淫樂，為了一己的私利，妄想堵塞大地上的河流，墮毀高山，危害到天下。所以上天不保佑他，民眾不幫助他，天災人禍一起發生，共工氏因此滅亡。到了有虞氏時，發了大水，大禹的父親鯀放縱其肆意妄為之心，用堵塞的方法治水，重蹈了共工氏的覆轍，被堯在羽山處死了。大禹意識到過去用堵塞法治水的錯誤，調整修改了治水的法度，效法天地的形象，比照萬物的性質，以民眾的利益為準則，而考慮到不損害天下萬物的自然本性。所以他依照地勢的高低疏通河道，排除淤塞，蓄積流水，滋養生物，築堤保護九州的沼澤，擴展平整了九州的平原，建宅安居了九州的民眾。從而風調雨順，天下太平，民眾安居樂業。」

「所以歷代得到天下的人們，一定是以忠義誠信之心取代他們放縱享樂的想法，而遵循天地間自然的法度，順從春夏秋冬四季循環的時序而行動，和諧民眾與神靈，符合天地萬物生生滋長的規律。因此，他們才能顯貴善終，彰顯功績大業，賜姓受氏，而且隨之得到美好的名聲。我們如果打開先王的遺訓，省察他們制訂的禮制、刑律、法則，結合觀察興盛、衰亡的歷史事實，就會完全明白其中的道理。而現在我們在施政中，大概確實存在違背天地法則之事吧！如今君王又想用堵塞來遏止流水，恐怕不可以吧！如果這樣做，那就會加劇禍亂，王室會更加衰微，到那時我們又該如何是好呢？」

「自從先祖后稷安定禍亂以來，經過十五代君王的努力，到文王時才平定天下，又經過十八代君王的努力，到康王時才使百姓安居樂業，可見先輩創業的難度是如此之大啊！我早晚都警惕戒懼，不知如何修德才能光大周王室，而君王卻又在助長災禍，國家怎麼能夠承受得了呢？上不合乎天的法則，下不合乎地的規律，中不合乎民眾的願望，這樣行動的人，一定是不符合法度的。行動不符合法度，一定會招致禍害的呀！請君王一定要三思，千萬不能堵塞水流啊！」

周靈王不聽，還是堵塞了水流。到周景王時，多寵幸之臣，禍亂自此不息。景王死後，王室大亂。到周定王時，周朝就衰微了。

單靖公敬儉讓咨

【名言】

動莫若敬，居莫若儉，德莫若讓，事莫若咨。

——《周語下・晉羊舌肸聘周論單靖公敬儉讓咨》

【要義】

莫若，意為沒有比。咨，諮詢。這句話的大意是：行動沒有比恭敬更好的了，治家沒有比儉樸更好的了，品德沒有比謙讓更好的了，處事沒有比善於諮詢更好的了。

晉大夫羊舌肸（肸音ㄒㄧ），字叔向，到周王室訪問。發現周王室的卿士單靖公具備恭敬、居儉、德讓、事咨四方面的美德，必能再度振興周王室。叔向對單靖公的家臣說了這番話。

恭敬、節儉、謙讓、諮詢都是中華民族的傳統美德。

恭敬是禮的載體，為人處事必須首先掌握恭、敬、忠三個原則。平時自處時，言行恭敬而謹慎，保持嚴肅的態度；工作中盡心盡職，切勿怠忽職守，與上級、朋友、後輩的交往中都應忠實誠信。

其次，儉樸既是一個良好的生活習慣，又是修養德行，提升境界之必須，俗話說「成由節儉敗由奢」，儉樸可以勵志克己，以取得更大成就。所以古往今來的賢士仁人都深明此理而身體力行。

第三，謙讓之禮是道德的基礎，「謙受益，滿招損」是千古不易的定理，古今傑出人物也大多謙虛謹慎，嚴於律己。第四，諮詢多問是求取、擴大知識的一個途徑。學問的取得，一方面是刻苦學習而善於思考；另一方面就是思而不能解者必須善於求教於別人，多問而且做到不恥下問，才能使自己的學問不斷長進。而且「兼聽則明，偏聽則暗」，善於諮詢也是使我們獲得對於事物較為全面認知的一種行之有效的辦法。

【故事】

恭敬謙讓始終是中華民族的傳統美德，縱觀古今的傑出人物，大多都注意培養自己的這種德行。下面講一個張良的故事：張良是我國漢代有名的謀士，他曾幫助漢高祖劉邦平定天下，為漢朝的建立立下了許多汗馬功勞。關於張良是如何學習並得以精通兵法的，一直有這麼一個傳奇故事。

有一天，少年的張良一個人出去散步，信步走到了一座大橋上。一位老者坐在橋頭上，看見張良過來，他有意地把腳往後一縮，鞋子就掉到橋下去了。老頭轉過頭來，很不客氣地對張良說：「小夥子，下去把我的鞋撿上來。」張良又生氣又納悶，但是一看他年紀大了，就忍住氣到橋下把鞋子撿上來送給那人。誰知道老頭竟然連接也不接，命令張良說：「給我穿上。」張良想：既然把鞋撿上來了，也許老人家行動不方便，就替他穿上吧。於是就跪在地上恭恭敬敬的把鞋給老頭穿上了。

這老頭微微一笑，站起來走了，張良只是愣愣地望著他的背影，感到很奇怪，心想他這樣古怪，也許有點來歷。老頭走了一里地，又返回來對他說：「小夥子，品行不錯呀！我倒樂意教導教導你。你若願意學，五天後，天一亮，你再到橋上來找我吧。」張良知道他很可能是個世外高人，就趕緊拜倒在地，表示感謝。

五天後，張良一早起來就趕到橋上，可是老頭已經在那裡了，並且很生氣，他對張良說：「你跟老人約會，應該早點來，怎麼能讓我等你呢？」張良趕緊認錯。那老頭說：「你回去吧，五天後再來，記住要早一點。」說完就走了。

又過了五天，張良早上一聽見雞叫，就跑到大橋那邊，但誰知還沒走上橋，那老頭就向他走來，並且瞪著他說：「你又來晚了，過五天再來吧。」張良只好又回去。這回，他記取了前兩次的教訓，到了第四天半夜就趕到橋上靜靜地等待天亮。過了一會，只見那老頭一步一步向橋上走來。他一見張良，就露出滿意的笑容說：「這樣才對。」他從袖中掏出一本書交給張良，說：「回去好好地讀，你將來也許可以建功立業，為平定天下出很大的力呢。」說完頭也不回就走了。張良趁著黎明前的曦光一看，原來是周朝初年太公望編寫的《太公兵法》，他禁不住欣喜若狂。

從那時起，張良就開始苦苦鑽研這部兵法，後來終於成了一個著名的軍事家。

單穆公諫鑄大錢

【名言】

今王廢輕而作重，民失其資，能無匱乎？若匱，王用將有所乏，乏則將厚取於民。民不給，將有遠志，是離民也。且夫備有未致而設之，有至而後救之，是不相入也。可先而不備，謂之怠；可後而先之，謂之召災。周固贏國也，天未厭禍焉，而又離民以佐災，無乃不可乎？

——《周語下．單穆公諫景王鑄大錢》

【要義】

資，指物資財富。匱，乏、缺乏。厚取，指厚斂、從重搜刮。遠志，指逃亡到別處。不相入，不能相互代替。怠，鬆懈、緩慢。

羸（羸音ㄌㄟˊ）國，指國力弱。未厭禍，指不斷地降下災禍。厭，滿、滿足。

這段話的意思是：現在官府廢除小錢而做大錢，百姓的小錢都無用了，朝廷再用重幣去搜刮物資，人民能不破產嗎？如果百姓物資貧乏，不能供應上面的要求，那麼王室的需要也就難以供應了。王用困乏，必將加重地剝削人民。人民供應不了，必然產生逃亡的念頭，這是脫離民心的做法啊。再說，有在事情發生之前制定措施的，也有在事情發生之後採取措施救急的，這二者是不能互相代替的。可以預先防範而不做準備，叫做怠惰；用來救急的措施卻硬要把它提前來做，這叫做自尋災禍。周王朝本來是衰弱的國家，天災正多，禍患不斷，王又要疏離人民而助長災禍，這樣做恐怕不行吧！

周景王要鑄造大面值的重幣。單穆公本著國家的政策制定應有利於民眾的原則，加以諫阻，指出若是廢輕幣而只用重幣，則是聚斂民眾財物而充實王室的府庫，終必造成離散民眾、助長災禍的嚴重後果。

單穆公的這番論述涉及到了一個極為重要的問題，那就是如何處理國家財富與民眾財富的關係問題，這其中又涉及到了德與財的問題。對於一個國家而言，國家和民眾的利益應該是一致的，所以最好是國富民也富。然而現實中，在很多情況下，一國之財富是有限的，這樣就存在一個是藏富於國還是藏富於民的問題。歷代有遠見的政治家都從民為國家之本的立場出發，主張藏富於民。這種主張是正確的，因為民富是國富的基礎，如果民窮而國富，民眾就會視君主為仇人，政權也就無法穩固了。道理雖然是如此，但有很多君主為了滿足自己的私欲，施行厚斂的政策，沒有處理好德與財的關係，沒有處理好民窮與君富的關係，致使民心離散，進而國家動盪，社會不安。

【故事】

周景王二十一年（前五二四年），景王想要鑄造大面值的重幣，來代替小面值的輕幣。單穆公說：「不能這樣做。古代天災降臨的時候，國家就會估量物資的多少，權衡錢幣的輕重，用來救濟人民。如果百姓嫌幣輕物貴，那就做大錢推行。小錢叫子幣，大錢叫母幣，母幣輔助子幣流通，老百姓都覺得方便。如果東西便宜，用不了大錢，那麼就多做一些小錢流通使用，但也不廢除大錢。在這種情形下，小錢發行的多少根據大錢的流通情況來決定，重幣買貴的東西，輕幣買賤的東西。無論大錢小錢，老百姓使用起來都覺得方便。」

「現在官府廢除小錢而做大錢，老百姓平日手頭所積蓄的小錢都成了無用之物，朝廷再用重幣去搜刮物資，人民能不破產嗎？如果老百姓物資貧乏，不能供應上面的要求，那麼王室的需要也就難以保證供應了。王用困乏，必將加重地剝削人民。人民供應不了，必然產生逃亡遠方的念頭，這實際上是脫離民心的做法啊。再說，有在事情發生之前制定措施的，也有在事情發生之後採取措施救急的，這二者各有所宜，是不能互相代替的。可以預先防範而不做準備，叫做怠惰；用來救急的措施，卻硬要把它提前來做，這叫做自尋災禍。周王朝本來是衰弱的國家，天災正多，禍患不斷，王又要疏離人民而助長災禍，這樣做，恐怕不行吧！本來應當與人民共處，現在卻要迫使他們叛離而去；本來應當預防災難的發生，現在卻要招惹它前來，那將怎樣治理國家？國家沒有固定的法律制度，憑什麼發佈命令？命令不被服從，是居上位者的大患，所以聖人應當透過在人民中樹立恩德來消除災禍。」

「《尚書．夏書．五子之歌》中有句話說：『徵收賦稅，調和均勻，王的府庫就經常充盈。』《詩經．大雅．旱麓》上也有句話說：『看那旱山樹木長得多麼眾多繁盛！歡樂和易的君子，求得歡樂和易的福祿。』正因為旱山的樹木生長繁盛，所以君子能夠歡快地求得俸祿。如果山林貧瘠，樹木砍光，本來出產豐富的藪澤變得空無所有。民力喪失，田地荒蕪，財用缺乏，那麼，在上的君長連憂慮危亡都來不及，還有什麼安樂呢？」

「再說取消民間通用的小錢而鑄大錢，以充實王室府庫，如同堵塞河流的水源而使它變成一潭死水，那麼它很快就會乾涸了。如果百姓離心而財用匱乏，災害降臨而沒有救災的準備，您將怎麼辦？我們周王室的官員對於備災的法令荒怠廢棄的很多，而現在又鑄大錢去掠奪老百姓的資財，增加他們的災難，這是自己丟掉藏資財於民的善政而拋棄人民啊！希望您好好考慮這件事！」

周景王不聽單穆公的諫阻，終究還是鑄了大錢。

單穆公以樂喻政

【名言】

夫政象樂，樂從和，和從平。聲以和樂，律以平聲。……於是乎氣無滯陰，亦無散陽，陰陽序次，風雨時至，嘉生繁祉，人民和利，物備而樂成，上下不罷，故曰樂正。

——《周語下．單穆公諫景王鑄大鐘》

【要義】

和，指樂器演奏和諧。平，指政治和諧平治。聲以和樂，指依五聲製成八類樂器用來和諧樂曲。律以平聲，指用音律來確定五聲的音高。

滯陰，陰氣滯結，夏天出現寒潮，屬氣候反常。散陽，陽氣散佚，冬天出現暖流，也屬氣候反常。嘉生，指生長繁茂的穀物。罷，通「疲」，疲勞、疲乏。

這段話的意思是：施行政務就像奏樂，奏樂要求和諧，和諧導致政通人和。五聲用來和諧樂曲，十二律用於均平五聲。……這樣，夏天沒有積滯而生的寒氣，冬天也不會有反常的暖流，陰陽運行有序，風雨按照四季時令降下，繁茂的穀物正常生長，人口繁衍，民眾和睦順利，物資齊備而樂音和諧，君臣上下都不感到疲勞，這才叫做音樂的正聲。

周景王二十三年（前五二二年），周景王欲製一套大鐘，單穆公從節制王室財用而讓民眾得以休養的角度出發，透過音樂與政治的關係進行分析，勸諫景王應修德、愛民而不要鑄大鐘。景王不聽，又問樂官州鳩的意見，州鳩從音律自身的和諧出發，說出了這番話，透過對音樂與教化民眾關係的比較和分析，勸諫景王勤政愛民，勿鑄大鐘。

周朝的文化被歸結為禮樂文化。樂在當時有著極其重要的作用，透過音樂可以陶冶人民的性情，提高人民的道德修養，使君臣上下團結和睦，這樣可以使君主作無不濟，求無不獲，從而達到作樂以施政的境界。所以他們主張作樂的目的在於以樂和諧君臣、君民關係，把樂作為政治的一種有效的教化手段。

【故事】

周景王二十三年（前五二二年），周景王準備製造一套大鐘。單穆公勸諫說：「不可以這樣做，先前鑄造大錢已經掠奪了民眾的資財，現在又要鑄造大鐘，勢必又要增加他們的負擔。他們平時積蓄的資財已經喪失，如今又要增加他們的負擔，這讓他們怎麼活呢？音樂不過是讓耳朵聽的，美色不過是讓眼睛看的。如果音樂聽起來使人震耳欲聾，美色看起來使人目眩神迷，這對人的危害是很大的。因為耳朵和眼睛是心靈的門戶，所以一定要聽和諧的音樂，看純正的東西。聽和諧的音樂才能耳聰，看純正的東西才能目明。耳聰，就會分辨言語的對錯；目明，就會分辨德行的好壞。聽取善言彰顯美德，就能思慮純正，處事正確。這樣對人民施行德教，民眾會歡欣悅服；對人民頒佈法令，民眾會遵循無誤。

「君王得民心，樹立了正道，民眾竭盡心力，跟從君王而不懈怠，事業成就而民無二心，這才是以樂和民的最高境界啊！耳聰，用來審定號令；目明，得以按時勞動；號令用來完成政事，勞動用來增殖財富，這才是以樂成政的最高境界啊！如果視聽不和諧，就會耳惑目眩，使人的身體不和諧；於是就會說出狂悖亂理的語言，發出朝令夕改的號令，頒佈荒謬邪惡的法度。發出的命令失去信用，勞動不按時序，民眾失去依據，不知該怎麼辦，大家就會產生逃亡思想。君王失去了民眾，做任何事都不可能成功。三年之中，就鑄造兩件促使人民離散的器物，國家就危險了。」

周景王不聽勸諫，又去問樂官州鳩。州鳩回答說：「我聽說，施行政務就像奏樂，奏樂要求和諧，和諧導致政通人和。宮、商、角、徵、羽五聲用來和諧樂曲，黃鐘、大呂、太簇、夾鐘、姑洗、仲呂、蕤（蕤音ㄖㄨㄟˊ）賓、林鐘、夷則、南呂、無射、應鐘十二律用於均平五聲。各種樂器都發揮它的性能，聯合演奏叫做和諧的音樂，和諧適中的聲音彙集在一起叫做正聲。這樣，夏天沒有積滯而生的寒氣，冬天也不會有反常的暖流。陰陽運行有次序，風雨按照四季時令降下，繁茂的穀物正常生長，人口繁衍，民眾和睦順利，物資齊備而樂音和諧，君臣上下都不感到疲勞，這才叫做音樂的正聲。如果耗費過多的財物，使百姓財用匱乏，正聲就會被損害，音樂也就不會和諧了。」

周景王不聽，一年後鑄成大鐘。樂人報告周景王說樂音和諧。景王對樂官州鳩說：「鐘聲很和諧。」

樂官州鳩回答說：「還不知道呢。」

景王問：「什麼緣故呢？」

州鳩回答說：「君王製作樂器，民眾都非常安樂，就可以叫做樂以和政。現在浪費財物，疲勞民力，為了鑄鐘的事民眾無不怨恨，所以我不認為鐘聲是和諧的。況且民眾群起支持的事，很少有不成功的；而民眾群起反對的事，很少有不被廢棄的。所以俗語說：眾志成城，眾口鑠金。現在，三年裡做了兩件耗費錢財、民眾反對的事，恐怕它們會一起被廢棄，而且還會危及國家呢！」周景王很不高興，說：「你老糊塗了，懂得什麼？」又過了一年，周景王死了，鐘聲果然不和諧了。

眾志成城

【名言】

眾志成城，眾口鑠金。

——《周語下・單穆公諫景王鑄大鐘》

【要義】

周景王不聽單穆公的勸阻，又問樂官州鳩是否應該鑄鐘，州鳩就引用了這句成語，勸周景王要勤政愛民，不要鑄這種勞民傷財的大鐘。

「眾志成城」四個字，簡潔明快地道出了「民心的向背是成就事業的關鍵」這一至理。對於這一點，幾乎歷朝歷代的政治家、思想家都有過精闢的論述。孟子曾經說過：天時不如地利，地利不如人和。所謂人和，說的就是人心所向，眾志所向，上下的團結。《宋文鑑》上也說：「天下雖亂，民心未離，不足憂也。天下雖治，民心離，可憂也。」由此可見古人對於人心、眾志之力量的重視。這是因為人心所向，眾志所向往往代表了正義的呼聲，前進的方向。俗話說：人心齊，泰山移。人民團結一致、萬眾一心，的確可以產生出巨大的力量，從而以柔克剛，以弱勝強。

【故事】

岳飛是我國南宋時期抗金的著名將領，是我國人民心目中的民族英雄。岳飛是相州湯陰（今河南湯陰）人，從小就愛讀書，尤其是愛讀兵法書。他力氣很大，十幾歲的時候就能拉開三百斤的大弓。後來，他聽說同鄉老人周侗武藝高強，岳飛就拜他為師，學得一手好槍法。

後來，當金兵南下之際，岳飛從了軍，在汴京當了一名小軍官。有一次，他帶領一百多名騎兵正在黃河邊上演練，突然，對面衝來大股金兵，兵士們都嚇呆了，岳飛卻不慌不忙地對士兵們說：「敵人雖然多，但是他們並不知道我們到底有多少兵力，我們可以在他們沒有準備的時候相機擊敗他們。」說著他帶頭衝向敵陣，斬了一名金軍的將領，敵人受到震懾，而宋朝的兵士受到鼓舞，都勇猛向前，結果把金軍打得落花流水。

這樣一來，岳飛的勇敢機智出了名。過了幾年，他在名將宗澤手下當將領，宗澤很器重他，對他說：「像你這樣智勇雙全的人才，在古代也難得。但是光靠自己衝鋒陷陣畢竟不是優秀將領的帶兵之法。」於是他交給岳飛一本古代作戰圖，讓他好好研究一下。岳飛欣喜地向宗澤道謝，接著又說：「按照作戰圖作戰，是兵法的常規。至於實際作戰，我想還是要隨機應變，靠將領自己善於用心。」宗澤聽了，非常讚賞這個年輕人的見解。後來，岳飛率領士兵們多次打退金兵的進攻，建立了赫赫戰功。在他三十二歲的時候，就已經從一名普通將領上升為節度使，成為宋朝名將。有人問岳飛什麼時候天下才能太平，岳飛說：「文官不貪財，武將不怕死，大家團結一致，天下才會太平。」

在岳飛訓練軍隊的過程中，非常強調紀律。一次，有一個兵士擅自用了老百姓的一束麻來捆柴草，被岳飛發現，立刻把他按軍法處置。岳家軍行軍經過村莊，從來都是露宿路旁，老百姓請他們進屋，他們都沒有人進去。他手下的士兵流行的口號是「凍死不拆屋，餓死不擄掠」。

岳飛對待將士嚴格，但並不是不關心士兵。士兵生病，他常常親自替他們調藥；部下將領出征的時候，他就叫妻子到這些將領家中慰問，解除他們的後顧之憂。上級賞給他的財物，他都分給陣亡將士的家屬，自己什麼都不留。在作戰以前，他總是召集大家商量作戰計畫，徵求意見，然後才出戰。由於他賞罰嚴明，做事感人以情、動人以理，岳家軍上下形成一種眾志成城的士氣，將士們在作戰時都很勇猛。岳家軍打起仗來幾乎是戰無不勝，以至於金軍中流傳著這樣一句話：「撼山易，撼岳家軍難。」

在岳飛等愛國將領的帶兵抵抗下，宋軍把進犯的金軍打得節節敗退，金國的大將金兀朮聽說岳家軍攻勢難擋，就召集手下精兵強將準備集中對付岳家軍。雙方在郾（郾音ㄧㄢˇ）城擺開戰場，岳家軍頭一陣就打了個大勝仗；金兀朮只好派他的殺手鐧「拐子馬」（披著厚厚鎧甲的馬隊）上陣，岳飛看準這種軍隊的弱點，帶領將士把他的軍隊打得七零八落。金兀朮郾城失敗，又改攻潁昌，結果又被打敗了。岳家軍乘勝追擊，一直打到朱仙鎮，他鼓勵部下說：「大家努力殺敵，等我們直搗黃龍府（金國都城），我們痛飲慶功酒。」

岳家軍之所以能夠戰無不勝，就在於軍隊內部上下團結一致，同時能獲得來自百姓的支持，軍民眾志成城，形成合力。

惠本而後民歸之

【名言】

夫惠本而後民歸之志，民和而後神降之福。……知夫苟中心圖民，智雖弗及，必將至焉。

——《魯語上·曹劌問戰》

【要義】

本，指民眾。志，指民心所向。和，和睦團結。苟，誠。中心，即心中。圖民，指為民考慮。這段話的意思是：施恩惠給民眾，然後民眾之心才會歸附，民眾和睦團結，這樣就連神靈都會降福保佑的。……假如心中的確是替民眾考慮，即使智慧有所不及，也一定能達到戰勝齊軍的目的。

周莊王十三年（前六八四年），齊桓公令鮑叔牙為將軍，討伐魯國，進佔魯國的長勺。在魯大夫施伯的推薦下，魯莊公起用了魯人曹劌（劌音ㄍㄨㄟˋ），曹劌認為人心向背是決定戰爭勝敗最主要的因素，而魯國在這一點上是做得很好的。後來，在長勺之戰中，魯莊公依靠人民的支持，在曹劌的正確指揮下，擊敗了齊軍，成為我國古代軍事史上一個以弱勝強的著名戰例。

民心向背是決定戰爭勝敗最主要的因素，真正強大的力量蘊藏在民眾之中，這是我國古代具有戰略眼光的政治家早就看到了的。國家的盛衰強弱、君位的安危去留，完全取決於民心的向背。得民心者得天下，所以我國歷史上的歷代名君賢臣都致力於保護民眾，從民所欲。例如，魯莊公能為人民盡心謀事，取信於民，故取得了長勺之戰的勝利；漢朝「文景之治」、唐朝「貞觀之治」、清朝「康乾盛世」這些封建王朝中較為成功的階段，也是由於君主順應了民心、民意才取得的。

【故事】

春秋時期，齊桓公不聽丞相管仲的勸阻，命令鮑叔牙為將軍，率兵討伐魯國。魯莊公聽說齊軍已經進犯到了長勺，就向大臣施伯說：「齊國真是欺人太甚，我們派誰去帶兵抵禦齊軍的進犯呢？」施伯說：「我舉薦一人，他可以帶兵打敗齊國的軍隊。」莊公忙問：「是誰？」施伯說：「此人名叫曹劌（劌音ㄍㄨㄟˋ），隱居在東平，從來沒有做過官，但這個人是個將才！」莊公忙派人去請。

曹劌見施伯請他出山，就笑著對施伯說：「平日吃肉的大臣在這關鍵時刻沒有辦法了，向我這吃糠嚥菜的山野之人討計謀來了。」施伯說：「是呀，吃粗糧的山野之人比吃肉的人更有良計，就請您出山吧。」於是兩人同來見魯莊公。

魯莊公一見曹劌，就急忙問道：「先生，我們怎樣才能打敗齊國呀？」

曹劌笑著說：「施恩惠給民眾，然後民眾之心才會歸附於您，民眾和睦團結，這樣就連神靈都會降福保佑的。假如您心中的確是替民眾考慮，即使智慧有所不及，也一定能達到戰勝齊軍的目的。而具體打仗在於隨機應變，很難預言。請大王給我一輛戰車，我需要在戰場上出謀劃策。」魯莊公連忙請曹劌與他同乘一輛車，直奔長勺。

齊國的鮑叔牙聽說魯莊公來了，就命令擺開陣勢，嚴陣以待。但是因為他以前戰勝過魯國的軍隊，不免對魯軍有些藐視。魯軍一到他就下令進軍，並且說先攻陷魯軍陣地的有賞。魯莊公見齊軍衝來，就忙著讓自己的軍隊出擊，曹劌說：「齊國軍隊現在銳氣十足，我們應該堅守靜待。」於是傳令軍中，有敢喧嘩盲動者斬。

齊軍衝擊魯國的陣地，但是魯軍陣地如鐵桶一般，堅守不出。齊軍衝殺了一陣，見無法衝進魯軍陣地，只好退回來。又過了一會，齊軍又是一陣衝殺，但魯軍仍舊寂然不動，齊軍又扔下一些屍體，退了回去。鮑叔牙見此狀，心中暗喜，認為魯軍一定是害怕了，於是他再次擊鼓進軍，曹劌聽到這次擊鼓，就對魯莊公說：「打敗齊軍的機會到了。請大王下令擂鼓進軍。」魯莊公便依言下令。

齊軍本來以為魯軍這次一定又是按兵不動，對魯軍的擂鼓並沒在意，沒想到魯軍這時突然開始反擊，刀砍箭射使齊軍難以招架，頓時亂成一團，被殺得七零八落，大敗而歸。此時，魯莊公想要乘勝追擊，曹劌阻止說：「待我先看一看。」說著跳下戰車，在陣地周圍看了一看，然後說：「可以追了。」莊公便下令追擊，魯軍追了三十多里地，繳獲了兵器物資無數，打了一個徹底的大勝仗。

凱旋還朝之後，魯莊公問曹劌說：「在敵人前兩次的進攻中，你為什麼按兵不動，到第三次才讓出擊呢？」曹劌說：「大王，作戰以士兵的士氣最重要，在敵人第一次進攻時，對方士氣最盛，而我方此時士氣最弱，很難形成上下團結一致的力量；在第二次進攻時，他們的士氣開始衰落，而我們的士氣開始增長；到第三次進攻時，敵人的士氣已無，而我們的兵士因為一直在壓抑，一旦進攻最容易上下同仇敵愾，所以士氣最盛。以我們的強盛士氣，對敵人的衰弱士氣，我們怎麼可能不勝呢？」魯莊公又問：「為什麼他們敗退之後你不讓乘勝追擊呢？」曹劌說：「我要透過觀察他們凌亂的車痕，確定他們確實是敗退，才能追擊。」魯莊公信服地說：「愛卿真是有才智呀。」於是就封他為大夫。

臧文仲如齊告糴

【名言】

賢者急病而讓夷，居官者當事不避難，在位者恤民之患，是以國家無違。今我不如齊，非急病也，在上不恤下，居官而惰，非事君也。

——《魯語上·臧文仲如齊告糴》

【要義】

急，這裡指以……為緊要、迫切。病，疾苦、危難。夷，平易、容易的事。無違，指安定昌盛，沒有違背禮儀之事。

這段話的大意是：賢良的官員應該在國家危難的時候，勇於承擔責任，應該把容易的事讓給別人。做官的人面臨大事不避危難，在位任職的人能夠體恤民眾的苦難，只有這樣，國家內部才能團結一致。現在魯國處於危難之中，如果我不去齊國借米，那就是不承擔國家的危難。我身居上位而不體恤民眾，當官任職而懶於政事，這不是對君主負責的態度。

周惠王十一年（前六六六年），魯國發生飢荒，正卿臧文仲作為一名憂國憂民的大臣，勇於承擔責任，主動請纓出使齊國去告糴（糴音ㄉㄧˊ，買入穀類），也就是借米，來解救魯國災荒。臧文仲的侍從不理解他的做法，於是臧文仲就對他說了這段話。

臧文仲的話，充分展現了他憂國憂民、知難而進、明於職守的政治品德。當侍從從墨守成規的角度質疑臧文仲主動出使借糧有違禮制的時候，臧文仲明確提出了：賢良的大臣應該急國家所急，想人民所想，體恤民情，勤於政事。臧文仲的這種思想，其實就是關於為官之德的一種論述，這種為官之德為我國歷史上許多賢臣良相所重視和遵循。

【故事】

范仲淹是宋代有名的賢臣，他不但是傑出的軍事家，而且是著名的政治家。他從小就沒了父親，因為家裡貧窮，母親不得不帶他另嫁到別家，他從小就在非常艱苦的環境裡長大。後來他住在一座廟裡讀書，連一日三餐都很難溫飽，只能每天熬點薄粥充飢。經過五、六年的努力，他終於成為一個很有學問的人。

范仲淹當官以後，開始在朝廷當諫官，也就是要指正大臣的不當行為。這是一個很容易得罪人的差使，需要為官者有高度的責任心和對國家、人民負責的態度，要有剛正不阿的精神。范仲淹因為揭發宰相呂夷簡濫用職權，任用私人，結果被呂夷簡反咬一口，說范仲淹結交朋黨，挑撥君臣關係。宋仁宗聽信了奸臣的話，把范仲淹貶謫到南方，又調到陝西。後來，又因為面臨遼國和西夏的進攻，朝廷沒有人才可用，宋仁宗只得又把他調回來，派他擔任副宰相。

范仲淹一回到京城，宋仁宗就要求他拿出有力的治國方案。范仲淹意識到朝廷弊病太多，就先提出了十條改革措施，包括對官吏的定期考核等。經過宋仁宗的批准，十條改革措施在全國實施，這就是歷史上的「慶曆新政」（慶曆是宋仁宗的年號）。

范仲淹為了推行新政，派得力的大臣審查到各路（宋朝的一級地方機關）擔任監司（監察官）的人選。他發現被審查的裡面有一人有貪贓枉法的行為，就提起筆來把他的名字勾掉。在一旁的一位大臣與此人有交情，就向范仲淹求情說：「此人一向都比較潔身自好的，犯了這一點小錯，就被革職，他們一家老小生活都要受到牽連呀。」

范仲淹嚴肅地說：「要是他們家不吃苦，那很可能就要讓那一個地方的老百姓都要受苦呢。」那個大臣聽了羞愧地退下了。

范仲淹這樣嚴肅地推行新政，就像捅了馬蜂窩一樣。那些皇親國戚、王公大臣們紛紛鬧起來，散佈謠言，說范仲淹是在藉機對以前得罪過他的人打擊報復。宋仁宗一看反對的人太多，也動搖起來，范仲淹被逼得沒有辦法，只好自動請求回陝西。他一走，新政就被廢除了。

范仲淹被貶後，仍舊心懷國家和人民，他的一位老朋友滕子京為官岳州，重修當地的名勝岳陽樓，請范仲淹寫文章留念，范仲淹揮筆寫下《岳陽樓記》，文中名句「先天下之憂而憂，後天下之樂而樂」（意思是在天下人意識到憂患之前就有憂患意識，在天下人都得到享樂之後才去享受快樂），表達了范仲淹時刻心繫國家和人民的品格。

班相恤故能有親

【名言】

班相恤也，故能有親。夫諸侯之患，諸侯恤之，所以訓民也。君盍請衛君以示親於諸侯，且以動晉？夫晉新得諸侯，使亦曰：「魯不棄其親，其亦不可以惡。」

——《魯語下・臧文仲說僖公請免衛成公》

【要義】

班，指地位相當的人。訓民，指教育人民。

這段話的大意是：我聽說地位相等的人要相互體恤，這樣才能使人相互親近。諸侯的憂患，要別的諸侯去體恤，並以此來訓導民眾互相體恤親近。

君王何不替衛國國君求情，這樣既可以在諸侯之中表明您的仁愛之心，又可以以此來感動晉國。晉國新近成為了諸侯之中的霸主，您如果替衛國求情，那麼晉國也會說：「魯國不背棄他所親近的諸侯，我們也不應該與魯國關係惡化。」

本篇說的是臧文仲勸說魯僖公向周襄王和晉文公求情，免除衛成公之罪的事。臧文仲的話，充分地體現了他的遠見卓識和高超的外交才能。他認為諸侯之間應該相互救助、親近，而魯國如果救助了衛成公，就會以其仁厚親和、樂於助人而在諸侯之中贏得尊重。結果，魯僖公採納了臧文仲的意見，取得了良好的效果，提高了魯國在諸侯中的聲望。臧文仲這種「班相恤也」的思想對後世有較大影響，為後代許多帝王所遵循。

【故事】

在唐太宗的時候，國力強盛，打敗了西部突厥人的進攻，打通了與西域各國的通道，西域各國紛紛派遣使者與唐朝建立友好關係，遠在西南的吐蕃（今天藏族人的祖先）也來朝。

當時吐蕃王名叫松贊干布，他是個能文能武的全才，精通騎馬、射箭、擊劍等，又喜歡寫詩，受到吐蕃人民的愛戴。他父親死後，吐蕃曾有貴族發起叛亂，也被年輕的他平定了。吐蕃的松贊干布並不滿足於關起門來過貴族的生活，就派使者到唐朝的都城長安來建交，唐太宗也聽說過吐蕃王的名聲，很樂意和他結交，就也派使者去進行了回訪。

過了兩年，松贊干布派人到長安求親，希望和唐朝皇室和親，但唐太宗沒有答應，這使吐蕃使者很為難，他怕松贊干布怪他辦事不力，就向松贊干布撒了一個謊，說：「唐朝天子對我非常客氣，也很樂於和咱們結親；但是土谷渾王也去求親，使唐朝天子左右為難，就把我們的事耽擱了。」

吐蕃和土谷渾國本來就時常有衝突，聽了使者的稟報，松贊干布就更加惱怒，馬上出動二十萬人馬進攻土谷渾國。土谷渾王一看吐蕃軍隊來勢兇猛，就退到環海一帶。松贊干布打敗了土谷渾，有些得意忘形，就乘勝向唐朝邊境發動進攻，初戰告捷。松贊干布得意地揚言：「唐朝如果還不把公主嫁給我，我就帶兵打到長安。」唐太宗聽後非常生氣，就派大將侯君集帶領大兵反擊吐

蕃，吐蕃將士本來就不贊成松贊干布進攻唐朝，唐朝大軍一到，都要求退兵。松贊干布眼看堅持下去只會失敗，就向唐朝求和。

唐太宗本來也是樂於和而不樂於戰的，而且堅持戰爭只會使雙方的力量都受到削弱，使百姓受苦，就同意講和。隔了四年，松贊干布又派了個能幹的使者祿東到唐都求婚。唐太宗被祿東的誠意打動了，也被吐蕃人民與唐朝人民結好的心願打動了，本著和平的原則，就同意了吐蕃的求婚，在皇族的女兒中挑選了一位美麗的姑娘，封為文成公主，把她嫁給松贊干布。

貞觀十五年（六四一年），文成公主動身前往吐蕃，唐朝廷為公主準備了豐厚的嫁妝，除了金銀珠寶、綾羅綢緞外，還有吐蕃沒有的穀物、果品、蔬菜的種子，另外她還帶了大批的藥材、醫藥方面的書、天文曆法書籍等。公主入藏後，得到松贊干布和吐蕃人民的熱烈歡迎，而公主也以其聰明才智輔佐吐蕃王，並為漢藏兩族人民的友好往來、為藏族經濟的發展做出了重要貢獻。

臧文仲請賞重館人

【名言】

臣聞之曰：「善有章，雖賤賞也；惡有釁，雖貴罰也。」今一言而辟境，其章大矣，請賞之。

——《魯語上．臧文仲請賞重館人》

【要義】

章，彰明、顯著的意思。釁，徵兆的意思。辟境，意思是開闢了疆土、擴大了國境。

這段話的總體意思是：如果一個人的善行顯明彰著，即使他地位卑賤，也應該賞賜他；如果一個人有了惡行徵兆，即使他是地位尊貴的人，也應該懲罰他。現在因為我們重地館人的一句話而擴大了我國的疆域，他的功勞鮮明彰著，請君王獎賞他。

本篇記敘的是魯國的臧文仲聽取了重地館人的建議，使國家得益。他認為這是重館人的功勞，就請求魯僖公不要因為該人的地位卑微而有功不賞，而應賞罰分明。

有功則賞，有罪則罰，無別貴賤，這是治國、為官的一條重要原則。但是在事實中，卻常常因為貴賤等級等原因而造成有功不賞、有罪不罰的情況。臧文仲主張賞罰分明，在古代等級嚴明的社會裡，明確反對以貴賤為賞罰的標準，具有深刻的意義。他清醒地意識到，只要公正地對待民眾，才能使人民信服，才能啟發每一個人的積極性，為國家的建設貢獻力量。這種思想的進步性是顯而易見的。

【故事】

在戰國中期，秦國在政治、經濟、文化等各個方面都比中原的各諸侯國落後。鄰近的魏國就比秦國強大，還從秦國奪取了河西的一大片地方。這種形勢逼得秦國不得不進行改革。周顯王八年（前三六一年），秦國的新君秦孝公即位，他下定決心振興秦國。他知道國家的繁榮富強絕不能沒有人才，所以他下了一道命令，無論是什麼人，只要能有辦法讓秦國富強起來，就重用他。

秦孝公這樣重視人才，自然吸引了不少有才能的人，衛國的商鞅（鞅音ㄧㄤ）就是其中最著名的一位。商鞅對秦孝公說：「一個國家要打算富強，必須注重農業，獎勵將士；要打算把國家治理好，就必須賞罰分明。賞罰分明了，朝廷就有了威信，一切改革也就容易進行了。」秦孝公完全同意商鞅的主張，但是秦國的一些貴族和大臣卻竭力反對。秦孝公一看反對的人這麼多，自己又剛剛即位，怕鬧出亂子來，就把改革的事暫時擱置下來。又過了兩年，秦孝公的君位坐穩了之後，就任用商鞅開始進行變法改革。

商鞅起草了一個改革的新法令，但是怕老百姓不信任他，不按照新法令去做，他就想了個點子取信於民。他叫人在國都市井的南門外樹立起三根三丈長的木頭，向百姓宣佈說：「誰能把這三根木頭搬到北門去，就賞給他十金。」

不一會兒，南門外就圍了一大群人，大家你看我，我看你，議論紛紛，都覺得這三根木頭誰都扛得動，根本用不著賞十金，可能是官家和百姓開的什麼玩笑，又怕貿然去搬會給自己帶來什麼麻煩，所以沒有一個人上前去扛木頭。

商鞅知道老百姓還不相信他下的命令，便又宣告說：「誰能把這三根木頭搬到北門去，就賞給他五十金。」

賞金愈高，百姓們愈覺得不合情理，還是沒有人去扛。

這時有一個膽子大的人，從人群中跑出來，說：「我來試試。」他說著，便真的把木頭扛起來就走，一直搬到了北門。商鞅立即派人賞給了扛木頭的人五十金。這件事立即傳了開來，一下子轟動了秦國，民眾們都知道商鞅是說話算數的，絕不欺騙民眾。然後商鞅就把新的法令頒佈了出來，民眾都遵令而行。

這樣大規模的改革，當然會觸及到許多人的利益，引起激烈的爭鬥。新法令推行了一年之後，國都裡不少人議論新法不方便，一些貴族大臣更是不滿，太子還公然觸犯了法令。商鞅認為，法令之所以貫徹起來有困難，就是因為貴族們自恃位尊權大，犯了法也無人敢管，所以隨意犯法，在百姓們之間造成了很壞的影響。而要想樹立法令的權威，就必須從依法嚴格對待貴族們做起。為了嚴明法令，商鞅毅然決定依法處治太子，但因為太子是國君的繼承人，不能施刑，於是就處罰了太子的兩位師傅。這一來，其他貴族大臣果然不敢觸犯新法了。

於是新法得以順利推行，在十年裡取得了明顯的成效，不但農業生產增加了，軍事力量也強大了，秦國人民家家豐衣足食，路不拾遺，山無盜賊，城鄉大治，為日後秦國平滅六國、一統天下奠定了堅實的基礎。

展禽論祭爰居非政之宜

【名言】

今海鳥至，己不知而祀之，以為國典，難以為仁且智矣。夫仁者講功，而智者處物。無功而祀之，非仁也；不知而不能問，非智也。

——《魯語上・展禽論祭爰居非政之宜》

【要義】

講功，講功論績。處物，明察事理。

這段話的意思是：現在海鳥飛來，臧文仲他自已還未明白怎麼回事，便命令國人去祭祀牠，列為國家的祀典，這就很難認為是仁愛而且明智了。仁愛的人講求功績，有智慧的人把握事物的道理。沒有功績而祭祀牠，不是仁愛；不懂得又不肯詢問，不是明智。

本篇記敘的是臧文仲讓國人去祭祀海鳥「爰居」，展禽認為祭祀是國家大事，與政治息息相關，必須慎重，批評臧文仲的這一行為違背了祭祀的原則，是非仁非智之舉，臧文仲虛心地接受了批評，並將展禽的話載入簡冊以誡後人。

展禽批評臧文仲「不知而不能問」是不明智的做法，其中表達了一種非常重要的信息、學習作風，即求真求實、勤學好問。

【故事】

有隻海鳥叫做「爰居」，在魯國東門外停留了三天。臧文仲命令國人去祭祀牠，展禽說：「臧文仲處理政事真是迂闊啊！祭祀，是國家的重大制度，而制度是政事取得成功的條件。所以要慎重地制定祀禮作為國家的大典。現在無緣無故地增加典禮，不是處理政事應有的做法啊！」

「從前聖王制定祀禮，凡能施行法令有益於百姓的，就祭祀他；忠心於國事而犧牲性命的，就祭祀他；用實際功勞來安定國家的，就祭祀他；能夠抵禦大災難的，就祭祀他；能夠消除大禍患的，就祭祀他。不屬於這幾類的，便不能列入祭祀的法規裡。」

「從前烈山氏掌管天下的時候，他的兒子叫做柱，能種植各種穀物和蔬菜；當夏朝興起的時候，周人的始祖棄繼承了柱的事業，所以供奉他為穀神。共工氏稱霸九州的時候，他的兒子叫做后土，能平治九州的土地，所以把他作為土地神來祭祀。黃帝能夠明確百物的功用，使百姓明瞭創造財富的道理，顓頊（顓頊音ㄓㄨㄢ ㄒㄩ）能夠繼續他的功業，帝嚳（嚳音ㄎㄨˋ）能按照日、月、星的運行規律安排季節的順序，讓百姓平平安安地過生活；堯能夠竭力使刑法公平施行，作為萬民的行動準則；舜為老百姓的事物辛勤勞作而累死在野外；鯀（鯀音ㄍㄨㄣˇ）用築堤的辦法防治洪水，因為沒有取得成功而被堯殺死；禹能用崇高的德行繼承父親鯀的事業，改進治水的方法，取得成功；契作為司徒，使百姓能和睦相處；冥做水官，勤於職守，卻死在水裡；湯用寬厚的態度治理百姓，並且消滅了暴虐人民的夏桀；周的祖先稷（棄）辛勤地種植百穀，卻死在山中；周文王以文德著稱；周武王剷除了百姓的禍害。所以有虞氏大祭黃帝，祖祭顓頊，郊祭堯，宗祭舜；夏后氏大祭黃帝，祖祭顓頊，郊祭鯀，宗祭禹；商人大祭舜，祖祭契，郊祭冥，宗祭湯；周人大祭帝嚳，郊祭稷，祖祭文王，宗祭武王。幕是一位能夠遵循顓頊德政的人，有虞氏對他舉行報祭；杼是一位能夠遵循禹的德政的人，夏后氏對他舉行報祭；上甲微是能遵循契的德政之人，商人對他舉行報祭；高圉和太王是能遵循稷的德政之人，周人對他們舉行報祭。凡以上所說的郊、祖、宗和報等五種祭祀，都是國家的祭

祀大典。另外加上社、稷、山、川的神，都是對人民有功德的，從前有智慧、有美德的人，是用他們的行動而取信於民的，天上的日、月、星，是百姓所仰望的，地上的金、木、水、火、土，是百姓憑藉它們生長繁殖的，九州的名山、大川，靠它生產財物用品的，都要祭祀。不屬於這幾類的，都不列入祀典。」

「現在海鳥飛來，臧文仲他自己還未明白怎麼回事，便命令國人去祭祀牠，列為國家的祀典，這就很難認為是仁愛而且明智了。仁愛的人講求功績，有智慧的人把握事物的道理。沒有功績而祭祀牠，不是仁愛；不懂得又不肯詢問，不是明智。現在大海恐怕要發生災難了吧！那大海的鳥獸，常常預先感覺到並且躲避即將發生的災難。」

這一年，海上多次颳起大風，冬季溫暖，氣候反常。臧文仲聽到展禽上述的那番言論，說道：「這的確是我的過錯，他的話不能不聽從。」於是臧文仲就派人把展禽的話書寫成三份簡策。

里革斷罟匡君

【名言】

宣公夏濫於泗淵，里革斷其罟而棄之，曰：「……今魚方別孕，不教魚長，又行網罟，貪無藝也。」公聞之曰：「吾過而里革匡我，不亦善乎！是良罟也，為我得法。使有司藏之，使吾無忘諗。」師存侍，曰：「藏罟不如置里革於側之不忘也。」

——《魯語上・里革斷罟匡君》

【要義】

濫，把漁網撒到水裡。泗，泗水河。「淵」，深水。

罟（罟音ㄍㄨˇ），魚網。別孕，指雌魚懷孕離開雄魚。藝，極。匡，指正、糾正。

諗（諗音ㄕㄣˇ），告、勸告。師，指樂師。存，樂師的名字。

魯宣公不顧節令而濫捕魚苗，里革當即割斷了他的魚網，並且引用古訓強行諫阻。魯宣公不但沒有惱怒，而且還稱讚了里革。

文中先寫里革的「斷」——「棄」，先聲奪人，一位坦蕩無私、敢作敢為、不畏權威的形象就樹立在我們的面前；再寫里革引經據典，侃侃而談，直言強諫，展現他的才華與知識；又寫宣公聽了里革的勸諫，不但不惱羞成怒，反而聞過則喜，一位知錯就改、不以權勢壓人的明君形象躍然紙上；最後透過樂師存的進諫，進一步深化了主題。本文更值得一提的是早在二千多年前，古人就開始注意生態平衡和保護自然資源的問題。里革的諫言中就保存了古代如何為各種動植物營造健康成長、良性循環的環境的珍貴史料，這些經驗至今仍有重要的經濟意義和現實意義。

【故事】

魯宣公不顧節令，在夏天魚兒分群產卵時，就派人到泗水河去撒網捕魚，大夫里革知道了這件事後，急忙跑到了河邊，對正在捕魚的人說：「現在是什麼時節，就在這裡捕魚，快停下。」

但是打魚的人們不聽，仍舊不斷地將網撒到河中。這下里革生氣了，當即割斷了他們的魚網，扔到一旁說：

「古時候，大寒過後，深藏在泥土中冬眠的動物們便開始甦醒了，這時掌管川澤的官員們便對人們講解如何使用魚網、魚籠的方法，讓人們到江河之中捕捉大魚、甲魚、蛤蚌等水產品，祭祀時還帶到宗廟中讓祖宗享用，並且叫全國都施行這個方法，幫助釋放地下的陽氣。當鳥產卵、獸懷胎、水生的魚鱉都長大時，掌管山林鳥獸的官員就宣佈禁止用網捕捉鳥獸，只准用魚叉刺取魚鱉，藉由日曬風吹製成乾肉儲存起來慢慢吃，這是為了幫助鳥獸生長繁殖。

「鳥獸成長時，魚鱉等動物也開始產卵，掌管川澤的官員就禁止用大小魚網捕魚，只准許設陷阱和用鳥網去捕捉鳥獸，以獵獲的鳥獸供祭祀和庖廚使用，而讓魚鱉等動物在水中生長，等牠們長成後再取來享用。而且還規定上山砍柴不許砍樹苗、嫩枝，到湖澤割草不許割初生的嫩草，到水裡捕魚不許捕未長成的小魚，到山上打獵要保護小鹿和其他小動物，捕鳥時也要保護雛鳥和鳥卵，之所以這樣做，是為了使自然界的生物得以生長繁衍。這些都是古人留給我們的教導。現在，魚正在分群排卵，你卻不讓魚群繁殖，還要撒網捕魚，真是貪心到極點了。」捕魚的人聽了這番話之後，只好回來稟報魯宣公。

宣公聽了這番話後，不但沒有生氣，反而笑著說：「我有錯誤，里革糾正我，這不是很好嗎？這是一張很有意義的魚網，它啟發我認知到治理國家的方法。讓主管部門的官吏把魚網收藏起來，好使我永遠不要忘記里革的勸告。」

有一位樂師名叫存的，陪侍在宣公旁邊，說道：「收藏保存這個魚網，還不如把里革留在您的身邊，這樣就更不會忘記他的勸告了。」

宣公大笑說：「對，說得好！就這麼辦吧！」

子叔聲伯辭邑

【名言】

吾聞之，不厚其棟，不能任重。重莫若國，棟莫若德。夫苦成叔家欲任兩國而無大德，其不存也，亡無日矣。

——《魯語上・子叔聲伯辭邑》

【要義】

厚，大、厚重。兩國，指晉國和魯國。

晉卿苦成叔想拉攏子叔聲伯，但被他婉言拒絕了。回國後，子叔聲伯與鮑國談起這件事時，對苦成叔一族必然滅亡進行了分析。

從子叔聲伯的話中，我們可以看到古代先賢的「以德治國」觀。孔子繼承了這種思想，初步形成了修己、教化、禮制的一整套德治思想。首先，為政者自己須先修德，所謂「修己以敬」、「修己以安人」、「修己以安百姓」，說的就是君子透過克己修身，成就自身德行，然後才可以以德治國。其次，在治理國家的方式上，主要是教化。第三，教化的主要工具是禮。孔子希望以禮治代替刑法，有德者在位，直接以人格感化百姓。感化所不及者，則濟之以禮，使人從善遠罪，明恥知禮。孔子的德治思想，到孟子那裡轉化為「仁政」和「王道」。《大學》則總結出「八條目」，即格物、致知、誠意、正心、修身、齊家、治國、平天下。這個理論架構是對孔孟德治思想的綜合。可見，德治思想在我國源遠流長。

【故事】

晉楚鄢陵之戰前，晉國與魯國達成協定，共同對楚國作戰。

正在魯成公將要帶兵前去的時候，他的母親穆姜卻要求魯成公把執掌國政的季文子和仲孫蔑（蔑音ㄇㄧㄝˋ）趕走，而讓叔孫僑如來執掌國政。魯成公不答應，他的母親穆姜就想廢掉魯成公。魯成公帶兵前去參戰的計畫因此就耽擱了下來。沒有參加晉楚鄢陵之戰，晉國對此大為不滿。與此同時，沒能達到執掌國政目的的叔孫僑如又到晉國挑撥是非，說魯成公沒有帶兵前去參加晉楚鄢陵之戰，是在袖手旁觀，看兩國相爭誰能得勝，楚勝則從楚，晉勝則從晉，自己好從中漁利。

晉侯聽說之後非常惱火，因而在沙隨的諸侯大會上拒不接見魯成公，並且還要興師問罪。此時，季文子挺身而出，把所有的罪責都攬到了自己身上。晉侯於是就把他拘禁了起來，而沒有怪罪魯成公，讓其回國了。

魯成公十六年（前五七五年），魯成公派大夫子叔聲伯出使到晉國去謝罪，請求釋放季文子回國。晉卿苦成叔藉此機會想拉攏子叔聲伯，結為外援，以干預魯國內政。他想透過請求晉君封給子叔聲伯采邑的辦法，對其加以籠絡，但被子叔聲伯婉言拒絕了。

子叔聲伯回國後，鮑叔牙的玄孫鮑國問起這件事，說道：「您為什麼要辭讓苦成叔替您請求晉君封給的采邑呢？是想表明您確實謙讓，還是知道他根本辦不到呢？」

子叔聲伯回答說：

「我聽說過這樣的話，不選用厚重的大木料做棟樑，則承受不了房屋的重量。最重的分量沒有比得上國家的，最好的棟樑沒有比得上德行的。苦成叔家想承擔晉、魯兩國的事務，卻沒有大的德行，他自身恐怕也保不住，敗亡就在眼前。這就好比一個人得了瘟疫，我躲開他還怕來不及呢！

「苦成叔家有三個敗亡的因素，缺少德行而得到了晉君太多的寵信；處在下卿的地位卻要干預上卿的國政；沒有大功勞而想要得到很多的俸祿。這些都會招來很多的怨恨。他們的國君很驕傲，而且身邊聚集著許多奸佞之臣，剛剛在鄢陵之戰中打敗了強大的楚國，一定會封賞一些奸佞之臣當大夫。立了新大夫，大臣之間的爭鬥會更加激烈。誰順著人民的意願，誰就會居於有利的地位；而集中了人民怨恨的人，就會首當其衝的遭到打擊。現在苦成叔家從三個方面招來怨恨，可以說是積怨太多了。他自己的身家性命都難以保全，哪裡還能請求國君封給別人采邑呢！」

鮑國感嘆地說：「我的見識的確不如您，如果我們鮑家有什麼禍兆，我是不能事先預料到的。今天您深謀遠慮，辭讓了采邑，一定會永遠立於不敗之地的。」

苦成氏有三亡

【名言】

苦成氏有三亡：少德而多寵；位下而欲上政；無大功而欲大祿。皆怨府也。……為怨三府，可謂多矣。其身之不能定，焉能予人之邑！

——《魯語上．子叔聲伯辭邑》

【要義】

怨府，指怨恨聚集的地方。「府」有聚集之意。

這段話的意思是：苦成叔家有三個敗亡的因素：缺少德行而得到了晉君太多的寵信；處在下卿的地位卻要干預上卿的國政；沒有大功勞而想要得到很多的俸祿。這些都會招來很多的怨恨。……現在苦成叔家從三個方面招來怨恨，可以說是積怨太多了。他自己的身家性命都難以保全安穩，哪裡還能請求國君封給別人釆邑呢！

引文也是子叔聲伯對苦成叔一族必然滅亡所進行的分析，但側重點有所不同。從子叔聲伯的分析中，我們可以清楚地看到他敏銳的洞察力和成熟的智慧。「少德而多寵；位下而欲上政；無大功而欲大祿。皆怨府也」的論斷，對於我們今天仍具有垂誡的意義。首先關於「德」與「寵」。對於個人而言，修養德行是第一要務，特別是在得到上級信任的情況下，更應進一步謹修德行，不辜負信任，而不要以信任、寵愛為資本恣意妄為，否則會招來禍患。其次關於「位」。我們知道每個人在社會中都有自己的定位，這種定位不僅規定了我們的權利，也規定了自己的義務。俗話說「不在其位，不謀其政」。這說明，在自己目前的定位下，所應該做的是盡職盡責做好自己職分之內的事，即「在何位，謀何政」，如果「不在其位，而欲謀其政」，只會帶來不好的後果。第三，關於「功」與「祿」。一般情況下，有其功才能享其祿，功與祿之間應該是對應的關係。但在現實中，功與祿卻常常不能相對應，因而存在功大而祿小或功小而祿大的情況。如果是前者，我們應該正確對待，存有一種「只問耕耘，不問收穫」的心態而淡然處之；如果是後者，我們一定要心存戒懼，因為這極可能為我們帶來不幸，而且應該努力充實自己，著力於建功立業，以使功祿相當。

【故事】

東漢王朝從第四代漢和帝起，即位的皇帝大多是小孩子，最小的是只生下一百多天的嬰孩。皇帝年幼，照例由太后臨朝執政，太后又把政權交給她的家族，這樣就形成了外戚專權的局面。這時候外戚們往往擺不正自己的位置，可謂「少德而多寵；位下而欲上政；無大功而欲大祿」。他們不注重修養德行，而是以信任、寵愛為資本而恣意妄為，往往會招來禍患。東漢外戚「跋扈將軍」梁冀之死，便充分證明了這一點。

延光四年（一二五年），東漢順帝即位，外戚梁家掌了權。梁皇后的父親梁商、兄弟梁冀先後做了大將軍。梁冀是一個十分驕橫的傢伙，他胡作非為，公開勒索，全不把皇帝放在眼裡。漢順帝死去的時候，接替他的沖帝是個只有兩歲的幼兒，過了半年也死了。梁冀就從皇族中找了一個八歲的孩子接替，這就是漢質帝。

別看漢質帝年紀小，卻非常聰明伶俐，他對梁冀的蠻橫跋扈非常看不慣。有一次，他在朝堂上當著文武百官的面指著梁冀說：「真是個跋扈將軍。」梁冀聽了，氣得要命，當面不好發作，背後一想，這孩子小小的年紀就這麼厲害，長大了還了得，於是就用毒餅毒死了質帝。梁冀又從皇族中挑了一個十五歲的劉志接替皇帝，這就是漢桓帝。

從此以後，梁冀更加飛揚跋扈。他為了自己享受，蓋了不少華宅，把洛陽附近的良田都霸佔了下來，作為梁家的私人花園。裡面亭台樓榭、假山流水，應有盡有。他愛養兔子，在城西建造了一處兔苑，命令各地交納兔子。他還在兔子身上烙上記號，誰要是傷害了兔子，就是死罪。有一個從西域到洛陽來的商人不知道這個禁令，無意中打死了一隻兔子。為了這件事，竟株連十多人丟了性命。梁冀還把幾千名良家子女抓來當奴婢，把這種奴婢稱做「自賣人」，意思就是說他們都是「自願」賣給梁家的。他還派人去調查有錢的人家，把富人抓來，隨便給他一個罪名，叫他拿出錢來贖罪，出錢少的就是死罪。有一個叫孫奮的富商，因為沒有給夠贖金，就被官府活活打死了，家產也全被沒收了。

梁冀這樣無法無天，漢桓帝實在是無法忍受了。於是漢桓帝就秘密聯絡了幾個跟梁冀有冤仇的宦官，趁梁冀不防備，發動一千多名御林軍，突然包圍了梁冀的住宅。梁冀嚇得直發抖，等他弄清楚是怎麼回事的時候，知道自己活不了了，只好服毒自殺來結束他罪惡的一生。梁家和梁冀妻子孫家的親戚全被殺頭。朝廷上下，梁冀的爪牙心腹三百多人全被撤了職。

梁家垮台，老百姓別提有多高興了。漢桓帝沒收了梁冀家的財產，把被梁家佔用做花園、兔苑的民田仍舊還給了農民，讓他們繼續耕種。

季文子論儉奢

【名言】

然吾觀國人，其父兄之食粗而衣惡者猶多矣，吾是以不敢。人之父兄食粗衣惡，而我美妾與馬，無乃非相人者乎！且吾聞以德榮為國華，不聞以妾與馬。

——《魯語上・季文子論妾馬》

【要義】

相人，指輔佐國君的人。國華，指國家榮華、光華。

這段話的意思是：我看到我國的人民和他們的父兄吃粗糧、穿破衣的還很多，所以我不敢這樣做。別人的父兄吃粗糧、穿破衣，而如果我的妾穿絲綢，馬餵糧食，這恐怕不是輔助國君的人應有的作風吧！而且我聽說品德高尚可以為國家增添光彩，沒有聽說過美妾和馬會給國家增加光彩的。

季文子儘管做了宣公、成公兩世的國相，但是他的生活很簡樸。針對有人說他是吝嗇，他進行了反駁。

這段話說明春秋時代一些比較開明的統治階級上層人物已經注意到人民的利益，看到人民的生活水準還很低，他們也不敢過分地脫離群眾，過驕奢淫逸的生活，注意身居高位而躬行節儉。節儉是中華民族的傳統美德。只有那些在生活中恬淡寡欲的人，才能在平淡中砥礪德行，奮發向上，並最終在事業上取得成就。

【故事】

季文子為魯國的正卿，做了宣公、成公兩世的國相，但是，他的妾不穿絲綢，馬不餵糧食。仲孫它勸他說：「您是魯國的上卿，輔佐了兩朝國君，但是您的妾不穿絲綢，馬也不餵糧食。人們會認為您是一個吝嗇的人，而且這樣對國家也不光彩，所以您應該按照上卿的規格提高享受標準才是呀！」

季文子回答說：「我也願意光彩一些，按照上卿的規格享受啊。但是我看到我國的人民和他們的父兄吃粗糧、穿破衣的還很多，所以我不敢這樣做。別人的父兄吃粗糧，穿破衣，而如果我的妾穿絲綢，馬餵糧食，這恐怕不是輔助國君的人應有的作風吧！而且我聽說品德高尚可以為國家增添光彩，沒有聽說過美妾和馬會給國家增加光彩的。」

季文子把這件事告訴了仲孫它的父親孟獻子，說：「您的兒子仲孫它這樣對我說，證明在他心裡對於人民的疾苦還沒有清醒的認知，對於享受還是比較注重的，我已經對他講了一番道理，他應該有所領悟了。我對這個孩子的才幹是很欣賞的，希望您也好好教育他，讓他體會我們的苦心，能夠早日繼承我們的事業啊！」

孟獻子說：「您說得對極了，我一定會好好教育他，讓他不辜負您對他的期望。」孟獻子回家之後，就讓仲孫它坐了七天禁閉，閉門思過，好好地反省。從此以後，仲孫它的妾也只穿粗布，馬的飼料也只是稗（稗音ㄅㄞˋ）草。

季文子知道後說：「有過錯而能及時改正的人，是可以治理人民的。」於是便舉薦仲孫它為上大夫。

叔孫穆子不以行賄免禍

【名言】

承君命以會大事，而國有罪，我以貨私免，是我會吾私也。……作而不衷，將或道之，是昭其不衷也。余非愛貨，惡不衷也。且罪非我之由，為戮何害？

——《魯語下・叔孫穆子不以貨私免》

【要義】

衷，即中，指正派。道，通導，指引導、導致。昭，意為昭明，引申為猖獗。

這段話的意思是：我奉國君的命令來參加會盟的大事，現在國家有罪，我卻用財物免了自己一人的死罪，這說明我參加會盟是為了個人私利呀。……行事不正派會導致別人的效仿，這樣不正派的行為就更猖獗了。這不是吝惜財物，而是厭惡行事不正派啊！況且罪過不是由我而起，我被殺對於國家有什麼損害呢？

叔孫穆子作為魯國使臣出席在虢地的會盟時，不肯犧牲國家的利益，以行賄來保全自己。表現了他忠於國事、視死如歸、持身清正的自我犧牲精神。

為了自己的國國，為了崇高的理想而勇於自我犧牲的精神是中華民族的傳統美德。叔孫穆子的言行就充分體現了為國忘身的自我犧牲精神，體現了古代品德高尚的人應有的氣度和風骨。「富貴不能淫，貧賤不能移，威武不能屈」是我國古代人對君子品格的一種追求。氣節和尊嚴是一個人、一個民族最可寶貴的東西之一。

【故事】

魯昭公元年（前五四一年），作為魯國使臣，叔孫穆子出席在虢地的會盟。在虢地的會盟上，諸侯的大夫們重申諸侯之間應和平相處。不料會議尚未結束，留守國內的季武子率軍攻打莒國，惹起禍端。莒國到盟會上告狀，盟主之一的楚公子圍大怒，指責魯國破壞和平，是對會盟的輕慢和褻瀆，想殺死魯國使臣叔孫穆子以儆效尤。

這時狡猾而貪婪的晉國使者趙武的副手樂王鮒（鮒音ㄈㄨˋ）便趁火打劫，向叔孫穆子索要賄賂，他說：「我願意為您向楚國說情，赦免您的罪過。您是不是也應該給我一定的好處，作為對我的酬謝呢？」

叔孫穆子說：「不顧國家的利益，依靠行賄來保全自己，恐怕不是一個做臣子的所應該做的事。謝謝您的好意，我是絕對不會這樣做的。」

樂王鮒沒想到會遭到叔孫穆子的嚴詞拒絕，只好悻悻而歸。叔孫穆子的家臣對叔孫穆子說：「財物，就是用來保護自身的。拿出財物來可以免死，您為什麼吝嗇財物呢？」於是，叔孫穆子對他說了上述這番話。

叔孫穆子的勇氣和風骨感動了晉國上卿趙武，趙武堅決促請楚國一定要赦免叔孫穆子，終於得到楚國的同意，叔孫穆子得以安全回國。回到魯國後，季武子來向他請罪，叔孫穆子說：「我不害怕被殺，正是為了保護我們這個國家。現在既然避免了國家滅亡的大難，我們個人之間的一點小怨又算什麼呢？」他並沒有責備季武子，充分展現了自己以國家利益為重、求團結、棄小怨的寬廣胸懷。

民勞則思

【名言】

夫民勞則思，思則善心生；逸則淫，淫則忘善，忘善則惡心生。沃土之民不材，逸也；瘠土之民莫不向義，勞也。

——《魯語下・公父文伯之母論勞逸》

【要義】

逸，安逸、逸樂。淫，過分、放縱。向義，指向望仁義之禮。

這段話的意思是：百姓勤勞了，知道勞動成果來之不易就會想到節約，知道節約就會產生善良的心意；而如果生活過分安逸了就會產生放蕩之心，有了放蕩之心就會丟掉善良的心意，丟掉善心，就會產生邪惡的念頭。生活在肥沃土地上的人不能成材，就是因為貪圖安逸的緣故；住在瘠薄土地上的人民，沒有不走向正路的，這是因為勤於勞動的緣故。

魯大夫公父文伯認為母親不該從事體力勞動。他的母親敬姜從他的話中敏銳地察覺到自己的兒子已經萌生了驕縱怠惰之心，便以「勞」教育他要保持勤勞的美德，防止淫逸腐化。

敬姜的這番論述落實的是一個「勞」字，揭示的是勤勞足以興邦、逸樂足以亡身的道理。

勤勞是中華民族的傳統美德。首先，勤勞是一種美德。凡是勤勞的人，都知道點滴成功來之不易，都會珍惜自己的勞動成果，所以很容易做到以儉持身。勤儉共同塑造著人們的道德品質，淨化著人們的心靈，提升著人們的精神境界，從而有效地避免驕奢淫逸給人們帶來的傷害。其次，勤勞是成就一切事業的基礎。每個人在每一個行業中要取得成功，都離不開兢兢業業、勤勤懇懇的工作。一分耕耘一分收穫，幸運、機遇也總是喜歡眷顧勤勞的人們，而且只有把基礎建立在自己的勤勞上，事業才會真正的長久，經得起風雨的考驗。第三，勤勞意味著嚴格的自律自強。因為人生有如逆水行舟，不進則退，所以勤勞自勉，始終自律、自強，不斷努力，才能取得一個又一個新的成功。

【故事】

公父文伯退朝回家，去見他母親，他的母親正在紡麻。文伯說：「母親大人，您怎麼還紡麻呢？像我們這樣的家庭，主母還在紡麻，我恐怕會招惹我們季孫家族生氣，他們會以為我不能侍奉母親啊！」他的母親嘆息說：「魯國大概要滅亡了吧！朝廷讓你這樣不懂事的孩子做官，卻沒有把做官的道理告訴你嗎？坐下，讓我來講給你聽吧。」

「從前賢明的統治者安置老百姓，總是挑瘠薄的土地安置他們，使他們在這土地上辛勤勞動，而賢明的統治者們就能夠長久地統治天下。你知道這是為什麼嗎？這是因為百姓勤勞了，知道勞動成果來之不易，就會想到節約，知道節約就會產生善良的心意；而如果生活過分安逸了就會產生放蕩之心，有了放蕩之心就會丟掉善良的心意，丟掉善心，就會產生邪惡的念頭。生活在肥沃土地上的人不能成材，就是因為貪圖安逸的緣故；住在瘠薄土地上的人民，沒有不走向正路的，這是因為勤於勞動的緣故。」

「因此，天子每年春分時，穿上五彩的禮服朝拜日神，跟三公、九卿學習和瞭解五穀種植的情況；日中考察朝政和百官的政事，大夫官、眾士官、地方官和國相都幫助天子全面地安排百姓的事情；每年秋分這一天，天子會穿上三彩的禮服祭祀月神，和太史、司載恭敬地觀察上天顯示的徵兆。太陽落山後則監督九嬪，讓她們把大祭、郊祭的祭品都料理好，保持潔淨，然後才睡覺。」

「諸侯在早上處理天子交辦的任務和命令，白天察看自己邦國的事務，晚上檢查典常法令的執行情況；夜間告誡百官，使他們不敢怠慢和荒淫，然後才睡覺。卿大夫早上考察自己的職責，白天講習各種政事，傍晚安排自己經辦的事務，夜裡治理自己封地的事務，而後才睡覺。士人早上接受任務，白天講習政事，晚上複習，夜間檢查自己有沒有過失，沒有什麼遺憾，而後才睡覺。從一般百姓以下，白天勞動，天黑休息，沒有一天可以怠惰。」

「王后親自織王冠兩邊懸掛玉石的黑色絲繩，公侯的夫人還要加織繫王冠所用的帶子和覆蓋在王冠上面的裝飾品，卿的妻子編織大帶，大夫的妻子做祭的禮服，列士的妻子既做祭服，還要做朝服，下士以下的妻子都要為自己的丈夫做衣裳。」

「春分祭祀的時候，佈置農事；冬天祭祀的時候，要獻出勞動成果，男女都要竭力做出成績，發生差錯就要治罪，這是古代的制度。君子們從事腦力勞動，小人們從事體力勞動，這是先王教導。從上到下，誰還敢放縱心思而不盡力工作呢？現在我是一個寡婦，你又只是處在大夫的卑微職位上，即使起早摸黑、兢兢業業地努力工作，還恐怕忘了祖宗的功績，何況有了怠惰的行為，又怎能避免罪過呢？我希望你早晚提醒我說：『一定不要廢棄祖宗的功績。』你現在卻說：『為什麼不白求安逸？』你用這樣的態度來承受國君任命的官職，我擔心你父親穆伯要斷絕後代啊！」

公父文伯聽完這番話後，深受觸動。他對自己的母親說：「本來我是因為覺得您年事已高，不該再操作這些體力勞動。聽您這麼一說，我發現事實上在我心裡，的確產生了一些驕縱怠惰、貪圖安逸的心思，幸虧您的教誨和提醒使我能夠及時發現自己的缺點，不至於鑄成大錯。但是我還是要說，請母親大人一定要保重身體呀！」他的母親笑著對公父文伯說：「孩子，你明白了這個道理就好，我自己的身體自己心裡有數，不會累著的。」

孔子後來聽到敬姜教育兒子的一番話，就對他的學生們說：「你們要記住這些話，她可以算是不貪圖安逸享樂的人了。」

鮑叔牙薦管仲

【名言】

若必治國家者，則其管夷吾乎。臣之所不若夷吾者五：寬惠柔民，弗若也；治國家不失其柄，弗若也；忠信可結於百姓，弗若也；制禮義可法於四方，弗若也；執枹鼓立於軍門，使百姓皆加勇焉，弗若也。

——《齊語・桓公捐仇用管仲》

【要義】

庸，平庸。惠，恩惠。管夷吾，即管仲。枹（枹音ㄈㄨ），鼓槌。

這段話的意思是：如果一定要找一位治理國家的人才，那就只有管夷吾了。我有五個方面不如管夷吾：寬厚仁慈，安撫百姓，我不及他；治理國家，不失根本，我不及他；忠實誠信，取信於民，團結民眾，我不及他；制定禮儀規範，使天下人效法，我不及他；站在軍門前擊鼓指揮作戰，有力地激勵百姓的勇氣，我不及他。

齊桓公即位後，想讓鮑叔牙為宰。鮑叔牙有自知和知人之明，向桓公舉薦了管仲。鮑叔牙的這番話體現了他以國家大局為重、不計個人權位、謙虛誠實、知人善舉的優良品質。而桓公也能以國事為重，有容人之量，不計個人私仇，而重用了有才能的管仲。而後來管仲也確實沒有辜負眾人的期望，他作為齊國的國相，協助齊桓公在內政、經濟、軍事上進行了改革，實行了「參其國而伍其鄙」和「作內政而寄軍令」等一系列政策法令。數年之間，使齊國撥亂反正、轉弱為強，成為春秋前期經濟最為發達的強國，齊桓公也成就了「九合諸侯，一匡天下」的霸業，而管仲和鮑叔牙之間相知相惜、相互扶助的情誼也被傳為美談。

【故事】

齊襄公統治時期，政令無常，鮑叔牙預見到齊國將要發生禍亂，於是就保護襄公之弟小白出奔莒國。齊襄公十二年（前六八六年）底，公孫無知殺齊襄公，自立為君。管仲亦陪同公子糾逃奔魯國。齊桓公元年（前六八五年）春，齊國人殺了公孫無知，小白和鮑叔牙由莒回齊。這時，魯莊公也派出兵護送公子糾回國，並讓管仲堵截小白歸路。相遇時，管仲箭射小白，射中衣服的鉤帶，小白詐死。管仲中計，報告魯國小白已死，魯師放慢了行軍速度，而小白卻趁機先回到齊國，當了國君，這就是齊桓公。

齊桓公即位後，想任命鮑叔牙為宰。鮑叔牙辭讓說：「我是君王的一個才能平庸的臣子，君王賜予我恩惠，使我不受凍受餓，就是君王莫大的恩賜了。如果一定要讓我治理國家，這就不是我能勝任的了。如果一定要找一位治理國家的人才，那就只有管夷吾了。我有五個方面不如管夷吾：寬厚仁慈，安撫百姓，我不及他；治理國家，不失根本，我不及他；忠實誠信，取信於民，團結民眾，我不及他；制定禮儀規範，使天下人效法，我不及他；站在軍門前擊鼓指揮作戰，有力地激勵百姓的勇氣，我不及他。」桓公說：「這個管夷吾，曾經射中我的衣帶鉤，險些使我死於非命呀。」

鮑叔牙回答說：「那是他替他的主子效力啊！君王如果能夠赦免他讓他回到齊國，那麼他也會像忠於公子糾那樣忠於您的。」桓公說：「那好吧，怎樣才能讓他回來呢？」鮑叔牙回答說：「向魯國請求，讓他回來。」桓公說：「魯國有一位很出色的謀臣施伯，如果他知道我們將重用管夷吾，一定不會放還給我們的，這怎麼辦呢？」鮑叔牙回答說：「派使者到魯國去，就說：『我們的國君有一個不遵守命令的罪臣在貴國，我們想把他押回去在群臣面前處死他，請求貴國把這個人交給我們。』這樣魯國就會把他交給我們了。」於是桓公派使者到魯國請求交還管夷吾，完全照鮑叔牙說的提出要求。

魯莊公問施伯如何看待這件事，施伯說：「我想這絕不是想殺掉管夷吾，而是想把他接回去後重用他。管夷吾是天下的大人才，他會幫助一個國家稱霸於天下。如果我們讓他回到齊國，而使齊國稱霸，這無疑是我們魯國長久的禍患啊！」魯莊公問：「那應該怎麼辦呢？」施伯說：「他們不是說想讓管夷吾死嗎？那麼就殺了他，把他的屍體交給齊國的使者帶回去。」於是，莊公宣佈要殺死管仲。

齊國的使者知道後，覺得這樣他們無法覆命，就向魯莊公求情說：「我們來要管仲的目的，是因為我們的國君想要親手殺死他，以解射鉤之恨。如果大王殺了他，我們不能將活的管仲帶回去，在群臣面前對他施刑，以儆不忠之臣，這樣就實現不了我們大王教育群臣的目的，貴國也就沒有實現我國的請求。所以，大王還是將活的管仲交給我們，讓我們帶回去處理吧。」魯莊公聽後，覺得言之有理，既然要給齊國這個人情，就應該滿足他們的要求。於是，他叫人把管仲五花大綁地交給齊國使者。齊國使者帶著管仲，迅速地離開了魯國，完成了齊桓公交付的使命。

齊桓公聽說管仲回到齊國，馬上乘車親自到郊外去迎接他。兩人見面後都非常激動，經過一番寒暄，一起坐車回城。自此，齊桓公在管仲的輔佐下，將齊國治理得井井有條，百姓安居樂業，國力日益強盛，齊國也由此成為春秋時期的第一個強國。

教不善則政不治

【名言】

教不善則政不治，一、再則宥，三則不赦。

——《齊語・桓公為政既成》

【要義】

教，教化、教育。政，國家的政事。宥（宥音ㄧㄡˋ），意為寬恕。

對民眾教化不善，那麼政事就處理不好；對自己要求不嚴，那麼錯誤就會發生。一次兩次還可以寬恕，第三次還是老樣子，就必須從嚴懲處了。

桓公以善於選用人才和從嚴治吏著稱於史。他在為政中的許多具體做法和經驗仍值得我們借鑑。首先是注重人才的選拔和任用。其次，「教不善而政不治」。他把政事得以處理好的基礎放在了教化上，指出了只有把教育化民的工作做好，政事才有可能處理好。第三，在人才的使用上，要從嚴要求，恩威並重。一次兩次，姑念初犯，還可以得到寬宥，到第三次就絕不姑息手軟，從嚴懲處，批評、處分乃至降職、撤職、繩之以法。從嚴治吏意味著打擊一部分違法亂紀的官吏，其真正目的在於對官吏的普遍教育、防患於未然和對奉公守法官吏的真正愛護。

【故事】

自古以來，人才都是國家興旺發達、強大昌盛最重要的保證，得人才者得天下，所以在我國古代一些有作為的君王都把選拔任用人才作為自己的第一要務。

齊桓公不但繼承了選拔任用賢才的傳統，而且逐步建立起一個能夠使人才脫穎而出的制度體系。他將舉賢懲惡制度建立在了基層，作為基層官員鄉大夫的主要任務。

在每年正月初一的朝會上，齊桓公都會問那些向朝廷述職的官吏，說：「在你們那裡，有沒有平時勤奮好學、孝敬父母、有聰明才智而又本性仁厚的文人呢？有沒有勇敢強悍、臂力強勁、優秀出眾的武士呢？如果有這樣的人，就一定要向朝廷報告。如果有這樣的人而不報告，這就叫做埋沒賢才，將受五刑之罪罰。」官員們必須辦完推薦賢才的事後才可以退下。

齊桓公又問他們：「在你們那裡，有沒有對父母不孝順、不贍養，對鄉親父老不尊重、不恭敬，不服從君長命令、胡作非為的人呢？如果有這樣的人，一定要向朝廷報告。如果有這樣的人而不報告，這就叫做包庇壞人，也將受五刑之罪罰。」官員們必須辦完舉報壞人的事後才可以退下。

這些官員回到自己管理的地方後，必須根據齊桓公的指示修養仁德，推薦賢才，懲治壞人。由此，所有百姓都相互勉勵為善，修德行善蔚然成風。

齊桓公命令有關官員每年記錄有功人員，以便向朝廷報告，供朝廷選拔。經過鄉里或地方官員的推薦、有關部門官長的選拔之後，齊桓公便親自召見被薦舉人並與之面談，衡量考察其素質。齊桓公經常假設國家可能出現的困難詢問其對策，還會詢問他地方上的問題，觀察其實際解決問題的能力。如果是確有才能的，就授以官職，委以重任。以上鄉里或地方官員的推薦，有關部門官長的選拔，國君的親自面

試，就叫做三選。

同時，齊桓公認為，選拔任用賢才只是事情的一個方面，而事物都是發展變化的。本來的賢才在做了官吏之後，就有可能腐化墮落，所以還必須從嚴治吏，才能確保政治清明，國家興盛。所以在每年正月初一的朝會上，齊桓公還會在那些向朝廷述職的官吏中，挑出政績不佳的及犯錯的加以譴責，對他們說：「劃定的土地、分管的百姓都是一樣的，為什麼唯獨你的政績差？」

由於齊桓公不但繼承了選拔任用賢才的傳統，而且逐步建立起一個能夠使人才脫穎而出的制度體系。所以數年之間，齊國便撥亂反正、轉弱為強，成為春秋前期經濟、軍事最為發達的強國，齊桓公也成就了「九合諸侯，一匡天下」的霸業。

桓公憂天下諸侯

【名言】

桓公憂天下諸侯。……大國慚愧，小國附協。唯能用管夷吾、寧戚、隰朋、賓胥無、鮑叔牙之屬而伯功立。

——《齊語・桓公霸諸侯》

【要義】

文中以大量史實記敘齊桓公以「文事」成就霸業。開頭一句「桓公憂天下諸侯」是總起，意思是說齊桓公為天下諸侯操心，體現了他以天下為己任的胸襟氣度。而齊桓公之所以能成就霸業，文章最後點明了「唯能用管夷吾、寧戚、隰（隰音ㄒㄧˊ）朋、賓胥無、鮑叔牙之屬而伯功立」。即桓公成就霸業的關鍵在於能任用管仲、寧戚、隰朋、賓胥無、鮑叔牙等有才幹的人。

本文記事簡明，詳略得當，條縷清晰，以洗練的筆觸塑造了一位雄才大略、反對侵略、救亡繼絕、仁和寬厚、善於任賢的霸主形象，實是《國語》中一篇比較優秀的長於記事的歷史散文。細細品味之下，必當獲益良多。當然，對於歷史人物的評價，我們應本著實事求是的原則，齊桓公也並非完人，我們在肯定他的歷史功績的同時，也應看到他的階級、歷史侷限性。如他在稱霸過程中以武力相脅迫，使諸侯畏懼其武力，其「文治」也是建立在強大的武力基礎上的。他重賢任能但也曾重用易牙、豎刁等小人，以致死時無人過問，死後各國大亂。

【故事】

齊桓公為天下諸侯的事情操心。魯國發生了莊公夫人哀姜和慶父淫亂禍國的事件，兩個國君先後被弒，國事無主，君位沒有人繼承。桓公瞭解到這些情形，馬上派高奚、敬仲前往魯國，立了魯僖公，使魯國安定下來。

狄人攻打邢國，齊桓公在夷儀築好城堡，讓邢把國都遷過來，老百姓避免了遭受北狄的侵害掠奪，牛馬也能按需要供給。狄人攻打衛國，衛人離開故土逃難到曹國，齊桓公就在楚丘建築城堡讓衛人重新建立家園。衛人的六畜散失，暫時無法繁殖，桓公送給他們良馬三百匹。天下諸侯齊聲稱讚齊桓公的仁愛。因此，天下諸侯各國都知道齊桓公築城堡、送牲畜等的行動並不是為了自己的私利，所以諸侯都歸順了他。

齊桓公知道天下的諸侯都歸順了自己，又故意在與諸侯的交往當中，收取諸侯送的輕幣，酬答他們的卻是厚禮。所以，天下諸侯用駑劣不中用的馬做見面禮，托玉用的墊子不是絲織品而是麻織品，鹿皮不是整張的，而只用四分之一塊。諸侯到齊國來的使者空著口袋而來，滿載而歸。由於齊國用利籠絡他們，用信結交他們，用武力威脅他們，所以天下小國諸侯都與桓公結了盟好，沒有誰再敢背棄盟約。這是因為貪圖他的好處、相信他的仁政、懾服於他的武力的緣故。

桓公知道天下諸侯都聽從自己，所以又進一步大力施展他的「忠信」外交，可以採取行動幫助諸侯就馬上採取行動，可以為諸侯出主意就馬上為他們出主意。他派軍消滅了譚國、遂國，但自己不佔領它們的土地，而是分給了諸侯，所以諸侯們都稱讚他寬宏大度。他還宣佈對東萊地區取消漁鹽禁運，雖設立關卡，卻只盤問一下，並不徵收捐稅，以方便諸侯，讓他們得到實利。因而，諸侯都稱讚桓公施惠寬廣。

他又築葵茲、晏、負夏、領釜丘四個關塞，用作防禦山戎、北狄的要地，禁止戎狄侵擾、掠奪各諸侯國；又築五鹿、中牟、蓋馬、牡丘四個華夏邊塞上的關隘，用來捍衛中原諸侯國的要地，藉此來向中原各國顯示自己的權威。一段時間之後，教化大行天下，甲、冑、盾三種防身器具和刀、槍、矛、戟、矢五種殺敵兵刃都可收藏封存起來，穿著朝服西行渡過黃河，去與強大的晉國會盟也絲毫不用戒懼了。文事就這樣圓滿地完成了。當時，大國感到趕不上齊國而慚愧，小國都來歸服齊國。這是因為桓公能重用管仲、寧戚、隰朋、賓胥無、鮑叔牙等有才幹的人，故而才建成了霸業啊！

民生於三，事之如一

【名言】

民生於三，事之如一。父生之，師教之，君食之。非父不生，非食不長，非教不知生之族也，故壹事之。唯其所在，則致死焉。報生以死，報賜以力，人之道也。

——《晉語一．武公伐翼止欒共子無死》

【要義】

三，指君主、父母、師長三者。如一，指至死不變。食，給予爵祿。族，即類，指人是為人的道理。致，到、達到。賜，即惠、恩惠之意。力，盡力。道，道理、常理。

這段話的意思是：一個人靠父母、師長、君主才能生長、立足於社會，所以侍奉他們要始終如一，至死不變。父母生我，師長教我，君主養我。沒有父母我就不會存在於這個世界，沒有君主的食祿我就不會在社會上生活，沒有師長的教誨我就不會知道人之為人的道理。所以我要始終如一地侍奉他們。只要他們需要，我可以為他們奉獻出自己的生命。用死來報答父母的生養之恩，用能力來報答君主的惠賜，這是做人的常理。

在晉王室爭奪權位的爭鬥中，晉武公取得勝利。他勸欒共子歸順自己，並許給他高官厚祿。而欒共子卻堅守自己的氣節，寧死不降，遂有了這番擲地有聲的回答。

這是一篇欒共子的明志文，表現了他的高尚氣節和人格。氣節說的是堅持正義，在敵人或壓力面前不屈服的品質。中國人一貫講氣節。孟子曾說過：「富貴不能淫，貧賤不能移，威武不能屈，此之謂大丈夫。」欒共子言行一致，不屈戰死，對後世產生了深遠的影響。正是這種理想人格，成為我國歷史上兩千多年來無數仁人志士追求的道德目標和行為準則。隨著時間的推移，昇華成了崇尚氣節、剛正不阿、堅持真理、寧死不屈的民族共同美德。在我們民族的發展中，無處不閃耀著這種理想人格的奪目光華，無處沒有這種高尚氣節留下的動人詩篇。每當我們民族處於危亡之時，總會出現一類懷邦國而忘自身、體恤民苦、壯懷激烈、視死如歸的人，如蘇武、文天祥、史可法等，正是這些人構成了中華民族的脊樑。而那些重私利輕大義、寡廉鮮恥、殘害同胞只求一時之富貴權勢的人，只會被人們世世代代唾罵。

【故事】

我國古代很多仁人志士為了保持高風亮節，不惜忍受種種磨難。「蘇武杖漢節牧羊」就是其中一個為人們千古傳頌的事例。

蘇武是西漢前將軍蘇健的兒子。漢武帝太漢元年，匈奴的單于為了與漢和好，遣還了以前被扣留在匈奴的漢使，作為友好表示。蘇武以中郎將的身分，護送被扣留在漢的匈奴使臣回歸。到匈奴以後，蘇武手下的一名官吏張勝擅自參與了一起劫持單于之母到漢朝的案件，結果失敗。單于派大臣衛律去審問蘇武，脅迫蘇武投降。蘇武說：「屈自己的節操，辱國家的使命，即使活著，也沒臉回朝覆命了。」於是拔劍就要自殺。衛律大吃一驚，忙召喚大夫來搶救，救下了蘇武的一條命。

匈奴的首領非常欽佩蘇武的節操，就日夜派人去問候蘇武，並以高官厚祿來引誘他，蘇武對使者說：「聽說過欒共子的事嗎？他說：『一個人靠父母、師長、君主才能生長、立足於社會，所以奉事他們要始終如一，至死不變。父母生我，師長教我，君主養我。沒有父母我就不會存在於這個世界，沒有君主的食祿我就不會在社會上生活，沒有師長的教誨我就不會知道人之為人的道理。所以我要始終如一地侍奉他們。只要他們需要，我可以為他們奉獻出自己的生命。用死來報答父母的生養之恩，用能力來報答君主的惠賜，這是做人的常理。』這也就是我所要說的，請你轉告你們的單于吧！」

蘇武病癒以後，單于派人告訴蘇武，要把他和張勝等人一起判罪，想以此來脅迫他。結果，張勝怕死，就投降了。衛律對蘇武說：「你的副手犯了罪，你也應當一同治罪。如果你也投降就可免於一死。」蘇武義正嚴詞地駁斥了衛律。當衛律舉劍要砍他的時候，他仍然視死如歸，巋然不動。

衛律只好換了一副笑臉說：「我以前也是漢朝將領，歸順單于後，被賜號稱王，擁有數萬奴隸，有漫山遍野的牲畜，享受無盡的榮華富貴。你今日要是投降，明日就和我一樣。你何必白白犧牲呢？」

蘇武憤怒地起身，橫眉怒目地呵斥他道：「你身為漢臣，卻背叛朝廷和父母親人，成為外族的俘虜，我為什麼要學你這樣的人？更何況，你現在做了單于的大臣，單于信任你，才把生殺大權交給你。你不但不公平審理，卻想使兩國君主再起爭端，你好坐山觀虎鬥。你明明知道，我根本不會投降，但還要使兩國相鬥，殺了我，兩國的戰事就又會發生了。」衛律知道無法說服他，就把蘇武囚禁起來。

一開始，蘇武被囚禁在一個空窖裡，斷絕飲食供給。蘇武就只好自己想辦法繼續生存下去。下大雪的時候，他吃雪止渴，餓了就吃氈毛充飢。這樣過了幾天，匈奴人發現他居然還沒死，就以為有神在保佑他，便把他遷移到北海（今天的貝加爾湖）那種沒有人煙的地方，讓他放牧公羊，並宣稱什麼時候公羊能生羊羔，他才能回國。蘇武到北海以後，沒有人給他供給食物，他只好用野鼠穴內藏的草籽充飢。在牧羊的時候，他手中始終緊握從祖國來時帶來的漢節——漢朝使臣的信物。

蘇武在匈奴被扣留了十九年。漢昭帝即位以後，匈奴與漢朝和親，漢昭帝聽說蘇武還活著，就要求把蘇武放還，匈奴也對蘇武的高風亮節充滿敬意，就把他送還漢朝。蘇武出使的時候還年輕力壯，到返回漢朝時，鬚髮都已斑白了。

國非忠不立，非信不固

【名言】

虞將亡矣！唯忠信者能留外寇而不害。除暗以應外謂之忠，定身以行事謂之信。今君施其所惡於人，暗不除矣；以賄滅親，身不定矣。夫國非忠不立，非信不固。既不忠信，而留外寇，寇知其釁而歸圖焉。已自拔其本矣，何以能久？

——《晉語二・宮之奇知虞將亡》

【要義】

除暗，指除去自己的愚昧，如貪戀財物等缺點。定身，指安定自身的立場。惡，指令人厭惡的事。以賄滅親，指貪圖賄賂而去滅亡親善的友邦。釁，間隙，指有機可乘。本，根本。

這段話的意思是：虞國快要滅亡了，只有憑忠信立國的，才能留駐外國軍隊而不受損害。去除自身的愚昧，團結一致抗禦外敵叫做忠；從安定自身的立場出發，處理國家之間的事務叫做信；現在虞公借道給晉國去打虢國，這是不識時務，愚昧無知，是不忠；貪戀晉國的賄賂，而去滅亡自己親善的鄰邦，這是見利忘義，自身立場不穩，是不信。虞國不忠不信，又借道給晉國軍隊，晉國軍隊知道有機可乘，就會在滅亡虢回師時順勢把虞國滅掉的。虞國自己已經拔掉了立國的根本，怎麼能長久呢？

歷史上晉國借道虞國去攻打虢國的事共有兩次。第一次是在周惠王十九年（前六五八年），晉國用大夫荀息之計，將名馬、玉璧送給虞公，請求借道。虞公貪戀名馬、玉璧，不聽宮之奇的諫阻，便答應了，還與晉國聯合出兵滅了下陽。第二次是周惠王二十二年（前六五五年），晉國再次向虞借道伐虢。宮之奇再次勸諫虞公不要借道給晉軍，並用「唇亡齒寒」來比喻虞虢關係，說明虢亡，虞不可能獨存的道理。但利慾薰心的虞公卻聽不進宮之奇的忠告，仍舊借道給晉國。宮之奇從宮裡出來後，對他的兒子說了以上這番話，並吩咐妻兒老小趕快收拾行李細軟，全家逃到了兩山去避難。三個月後晉國在滅掉虢國之後回師途中，趁虞國不備，發起了突襲，滅掉了虞國，俘虜了虞公，而且牽回了寶馬，捧回了玉璧。

宮之奇「國非忠不立，非信不固」的金玉良言，直至今日也還是有其教育意義的。

【故事】

話說春秋時期，晉國想要攻打虢國，但晉國與虢國之間夾著一個虞國。晉獻公問大夫荀息：「我們怎麼去攻打虢國呢？」荀息說：「我有一條計策，可以今日取虢，明日取虞。」晉獻公大喜，忙問：「什麼計策？」荀息說：「我聽說虞公最愛寶馬和玉璧，大王可以用寶馬和玉璧賄賂虞公，說是借虞國之道路去攻打虢。」晉獻公依計而行，讓使者帶著寶馬和玉璧出使虞國。

虞公一開始聽說晉兵要透過自己的國家去攻打虢，心裡很不高興。但一看到晉國送來的寶馬、玉璧，又轉怒為喜，答應了晉國的要求，還與晉國一起出兵，滅了虢國的下陽。這一次，晉兵打了勝仗後便歸回本國，但虢國與虞國卻因此結下了深仇大恨。

又過了三年，晉獻公又派使臣到虞國，對虞公說想要再次借道攻打虢國。虞國的大夫宮之奇便對虞公說：「虢國本來是虞國的朋友，虢國滅亡了，恐怕虞國也會跟著滅亡。晉國的野心很大，敵寇是不可以親近的，上次借道給他們，已經很過分了，難道還應有第二次嗎？俗話說：『面頰與牙床互相依賴，嘴唇沒有了牙齒就會感到寒冷。』而虞國與虢國的關係正是唇與齒的關係呀。本來晉國攻打虢國，我們就應該幫助虢國；這樣，晉人攻打我們，虢國也會來幫助我們。虞國和虢國聯手抗晉的話，兩個國家都可以保全，但是如果虢國滅亡了，虞國又哪能是晉國的對手呢？」可是，虞公沒有聽從宮之奇的話，而是答應晉國的使臣，同意讓晉國軍隊從虞國透過去攻打虢國。

宮之奇從虞公那裡出來，回到家對他的兒子說：「虞國快要滅亡了，只有憑忠信立國的，才能留駐外國軍隊而不受損害。去除自身的愚昧，團結一致抗禦外敵叫做忠；從安定自身的立場出發，處理國家之間的事務叫做信。現在虞公借道給晉國去打虢國，這是不識時務，愚昧無知，是不忠；貪戀晉國的賄賂，而去滅亡自己親善的鄰邦，這是見利忘義，自身立場不穩，是不信。虞國不忠不信，又借道給晉國軍隊，晉國軍隊知道有機可乘，就會在滅亡虢回師時順勢把虞國滅掉的。我們不離開虞國，恐怕就要遭受災禍了。」於是吩咐妻兒老小趕快收拾細軟逃難。

三個月後晉國在滅掉虢國之後的回師途中，趁虞國不備，發起了突襲，滅掉了虞國，俘虜了虞公，而且牽回了寶馬，捧回了玉璧。虞公貪戀財物，一意孤行，終於亡國滅身，成為了笑柄。

齊侯不務德

【名言】

齊侯好示務施，與力而不務德，……惠難遍也，施難報也。不遍不報，卒於怨仇。

——《晉語二·宰周公論齊侯好示》

【要義】

好示，指喜歡表現自己。務施，指致力於小恩小惠。與力，指致力於武力。

這段話的大意是：齊桓公喜歡表現自己，施予諸侯小恩小惠，誇耀武力而不修德政，……施恩惠難以普遍，受恩惠的難以報答。不普遍，不報答，最終會結下怨仇。

齊桓公召開葵丘之會，邀請諸侯參加。宰周公勸晉獻公不要去參加，並對齊桓公的霸業進行了剖析。

這個分析是相當深刻的。它首先提出了一個問題：維繫國與國之間乃至人與人之間友好關係的紐帶應該是什麼？是利益還是道義呢？在當今商品經濟的社會中，利益原則大行其道，它真的能代替道義原則嗎？我們的回答是否定的。對於這一問題，孟子有一個精闢的表述，即「上下交徵利而國危矣」，意思是說如果上上下下都在相互追逐利益，以攫取私利為第一要務，國家就危險了。從歷史發展的進程看，我們可以發現，任何歷史時代的任何一個社會，要維繫社會的安定、繁榮和進步，都必須處理好公與私、義與利的關係問題，在處理這個問題上，如果用的是利益原則，則必然出現「惠難遍也，施難報也」的情況，以至於產生「不遍不報，卒於怨仇」的境地，所以應該採取的是「先義而後利」的原則。用高尚的道德去自然地感召，輔之以利益，才能使國與國之間、人與人之間的關係，不至於僅僅是建立在利益的基礎上，而更多的是德義的感召、感情的交流。在這種基礎上建立起來的情誼才更經得起風雨的衝擊，才更牢固。

【故事】

苻堅是前秦王朝中一位有作為的皇帝。他在即位之前就想找一個得力的助手，有人向他推薦了漢人王猛。苻堅派人把王猛請來，兩人一見如故，談起歷史上的興亡大事，見解完全吻合。苻堅高興得不得了，常對別人說找到了自己的諸葛亮。苻堅即位後，重用王猛來治理朝政，富國強兵，在近二十年的時間內，先後攻滅了前燕、前梁等割據政權，佔領了東晉的梁、益兩州，把整個黃河流域和長江、漢水上游都納入了前秦的控制。

為了爭取內部各族的支持，他對各族的上層人物都極力包容和籠絡，如對鮮卑族的慕容垂、羌（羌音ㄑㄧㄤ）族的姚萇（萇音ㄔㄤˊ）等人，都毫不見疑地委以重任，並經常賞賜給他們財物。

苻堅認為他對各族的首領這麼好，各族的首領們也肯定會忠於自己的。對於苻堅的這一做法，王猛是堅決反對的，他勸說苻堅道：「大王啊，鮮卑族的慕容垂、羌族的姚萇是前燕的貴族，他們一直想要報仇復國，留著他們總是個後患。大王一定要把他們除掉，這樣才能保障秦國的安全呀！」

但是苻堅執迷於自己對他們的恩義，對王猛說：「你放心吧，他們是誠心歸順我的。我不但給他們財物，還給他們加官晉爵，如今我們的利益是一致的，他們怎麼會不感激我，又怎麼會背叛我呢？」

王猛回答說：「用恩惠拉攏他們，而不是有共同的道義上的目標，這樣形成的關係是不會長久的。這是因為即使大王對他們再好，他們也會認為不如自己做皇帝，所以他們不會對您感恩戴德，只是會對您應付，等待反叛的時機。」苻堅還是不聽，不同意王猛制約異族重臣的建議。

前秦建元十一年（三七五年），王猛得了重病。苻堅去看望他，王猛懇切地對他說：「東晉雖然較為弱小，但是它繼承了晉朝的正統，又遠在江南，而且他們朝廷內部很團結。所以我死之後，陛下在短時期內，千萬不要去進攻晉國。東晉也絕沒有力量來攻打我們。我們真正的敵人是鮮卑人和羌人，是慕容垂和姚萇，留著他們總是後患，一定要把他們除掉，這樣才能保障秦國的安全啊！」但是，苻堅還是沒能聽進去，繼續重用鮮卑族的慕容垂和羌族的姚萇。

王猛死後，苻堅在慕容垂的慫恿下，率領大軍進攻東晉，結果淝水一戰大敗，從此一蹶不振。但是，慕容垂和姚萇的兵力卻絲毫沒有受到損失。不出王猛所料，鮮卑族的慕容垂、羌族的姚萇見機會來了，就背叛了前秦，各自建立了新的國家——後燕和後秦。苻堅後悔不聽王猛的忠告，但兵敗窮困，已經來不及再有任何的作為了，他本人也被姚萇殺掉了。

苻堅的遭遇再一次以事實證明了治國如果用的是利益原則，則必然出現「惠難遍也，施難報也」的情況，以至於產生「不遍不報，卒於怨仇」的後果。

眾口禍福之門

【名言】

善哉！夫眾口禍福之門。是以君子省眾而動，監戒而謀，謀度而行，故無不濟。內謀外度，考省不倦，日考而習，戒備畢矣。

——《晉語三．惠公入而背外內之賂》

【要義】

省，指省察、體察。監，指察、省察。濟，成功。考，指考校。畢，盡、完。

這段話的大意是：好啊！眾人的嘴就是禍福之門啊！所以君子一定要體察民眾的意願之後才能行動，一定要考察民眾的輿論，作為借鑑來進行謀劃。謀劃要經過反覆推敲，才能付諸行動，這樣事情沒有辦不成的。內心先謀劃好，再到外在去調查，不知疲倦地考察民情、民意，天天進行研究、警戒、防備的道理都在其中了。

在晉國大臣里克、丕鄭和秦國的幫助下，晉惠公奪取了晉國君主之位。但他即位後背信棄義，不但殺害了里克、丕鄭，又與秦作戰，後來兵敗被俘。晉大夫郭偃對這件事進行了總結。

從郭偃的分析中，我們可以看到他也是非常重視民情、民意的。晉惠公失敗的原因就在於他失去了人心，失去了民眾的支持和愛戴。而只有體察民眾意願而後動，考察借鑑民眾的輿論，瞭解民心民意，做出符合民心民意的決策，再經常推敲，反覆比較，這樣才能保證自己的行為是正確的，是符合人民願望的。

【故事】

從六二七年—六四九年，是唐太宗李世民統治的貞觀年代。由於這個時期的封建統治比較開明，社會經濟有了迅速的發展，社會秩序也比較安定，所以後來史書上就把這一時期叫做「貞觀之治」。

唐太宗李世民接受了農民起義推翻隋朝的深刻教訓，意識到了民眾的強大力量，從而使他本人非常重視民情、民意。他曾經告誡他的兒子說：「皇帝好比是一艘船，百姓就好比是四海中的水。水既能載船遠航，也能把船掀翻！所以一定要注重百姓的意願，注重傾聽百姓的心聲啊！」唐太宗的臣僚們也大都明白這個道理，而且深知太宗為人，所以也大多為民著想，敢於直言進諫。

貞觀八年（六三四年），唐太宗想要修建洛陽宮。中牟縣的縣令叫皇甫德，他聽到民眾們對這件事不滿，於是就向太宗上書說：「皇宮現在已經很豪華了，再要修建洛陽宮簡直是勞民傷財，而因此多徵收地租無異於橫徵暴斂，民眾對此有不滿情緒，請皇上不要修建洛陽宮了。」

太宗看了這封措辭嚴厲的上書後，十分惱火，對大臣魏徵、房玄齡等人說：「你們說這個皇甫德想幹什麼？難道非要讓國家一個人也不役使，一斗租也不徵收，讓皇宮破破爛爛的，他才滿意嗎？」於是要以誹謗朝廷罪來懲處皇甫德。

魏徵聽到後，連忙上前勸阻道：「自古以來，上書言辭不激烈，就不容易打動帝王的心。而作為君王，一定要以『狂夫之言，聖人擇焉』的胸襟和氣度來對待。況且皇甫德的直言畢竟反映了民眾的意願，是民心民意的體現，所以您一定要慎重考慮之後再做裁斷啊！」

太宗本來是一時氣急，聽了魏徵的話後就醒悟過來了，於是對魏徵說：「是啊，如果對皇甫德這樣的人治罪，以後誰還敢將民眾的意願真實地告訴我，誰還敢向我提出批評和意見呢？」於是不但沒有治皇甫德的罪，還對他進行了獎勵。

貞觀十一年（六三七年）七月，洛陽附近發了大水，災情十分嚴重。太宗為了救災，將位於洛陽的明德宮和飛山宮的一部分拆毀，把建築材料分給受災的百姓，讓他們重建家園。

由此可見，唐太宗李世民之所以使貞觀年代成為封建社會中比較好的時期，原因就在於他不但具備了胸懷坦蕩、知錯必改的品質，而且能夠注重考察、借鑑民眾的輿論，瞭解民心民意，做到虛心納諫，愛民如子，做出符合民心民意的決策來。這種領導品質和行事方法對我們今天仍有借鑑意義。

民以土服

【名言】

天賜也。民以土服，又何求焉。……夙夜征行，不遑啟處，猶懼無及。況其順身縱欲懷安，將何及矣！

——《晉語四．重耳自狄適齊》和《齊姜勸重耳勿懷安》

【要義】

本句出自兩篇。晉公子重耳被驪姬逼迫出逃之後，在國外曾過了十九年的流亡生活，然後才回晉國為君，他就是歷史上有名的「春秋五霸」之一——晉文公。他一開始出逃到狄，居住了十二年，後接受狐偃的建議自狄出發投奔齊國，尋找發展機會。途中經過衛國五鹿，向田裡的農夫討飯吃，農夫卻拿起田裡的土塊給他們，公子重耳大怒，想鞭打他們，而狐偃勸阻重耳說：「天賜也。民以土服，又何求焉。」當然，農夫給他土塊只是表示對他們的輕視和嘲弄，沒有什麼深意，難怪重耳會憤怒。而聰明的狐偃卻巧妙地將土地與國家聯繫起來，說這是天將賜土地、國家給重耳，平衡了晉文公的心態。一句話，二人之心態舉動均躍然紙上。

重耳到了齊國後，受到了齊桓公的盛情接待並將齊姜氏嫁給了他。重耳貪圖安逸，不願回國，而其妻齊姜卻深明大義，鼓勵重耳應設法回國，成就大業。她說：「夙夜征行，不遑啟處，猶懼無及。況其順身縱欲懷安，將何及矣！」其中，夙（夙音ㄙㄨˋ）指早；遑（遑音ㄏㄨㄤˊ）指閒暇；啟處原指古代的跪坐姿勢，引申為休息之意。這句話的意思是：早晚奔忙在大路上的人，沒有閒暇安居休息，還恐怕達不到目的，何況隨心所欲、貪圖安逸的人呢！這樣又怎麼能達到目的呢？

從齊姜的話中，我們可以瞭解到，齊姜的確是一位知書達禮、識見高遠之人。首先，她深知「憂患足以興邦，逸樂足以亡身」的道理，看到重耳貪圖安逸，眷戀溫情，心中唯恐他安於現狀，不思進取，便積極鼓勵重耳奮發成就大事的志向；其次，她深明成大事者必須只爭朝夕，不容懈怠，所以批評重耳貪逸懷安的行為。應該說，齊姜對重耳的勸導對我們當代人也有很大的啟發意義。

【故事】

晉公子重耳在狄住了十二年。

狐偃說：「當時我們之所以要來這兒，不是認為狄地可以享樂，也並非因為在這裡可以成大事。我說過：『因為狄距離晉很近，出奔時容易到達，困窮時可以有點接濟，暫時在這裡休息一下，以便選擇對自己更有利的環境，因此才在這裡居住下來。』如今在這裡已居住很久了，住久了，一切都不免停頓不前了。如果就此一切停頓下來，那麼苟安怠惰、自甘暴棄的思想也就隨著產生了。這樣，誰還能再使我們振作起來？我們為什麼不趕快走呢？當初我們不到齊、楚等國去，是怕路途太遠。如今養精蓄銳了十二年，可以走遠路了。齊桓公老了，想親近晉國；管仲死了，豎刁、易牙等許多讒諂小人在桓公身旁。桓公有所籌畫，但沒有可以匡正的人，一切政事推行到中途就感到無所適從，遙想當年管仲主政比目前有把握得多了。因此齊侯一定想到從前管仲說過的話而加以採納，希望有一個好的結果。齊的鄰國既已相安無事，桓公就會謀求和遠方諸侯建立親善的邦交，我們現在去投奔齊侯，是合時宜的。現在正值桓公的暮年，這是可以親近他的好時機。」大家認為這個意見是對的。

於是重耳一行就出發了。經過衛國五鹿時，由於衛文公不願接待他們，所以只好向農民討吃的。農民給他們一塊泥土，重耳大怒，要用鞭子抽打他。狐偃說：「這可真是上天的恩賜啊。農民奉獻土地來投服公子，對此我們還能有什麼別的要求呢？上天要欲成某事必定先有象徵，再過十二年，我們一定能獲得這塊土地。」重耳聽了，再拜磕頭，恭恭敬敬地接受了上塊裝在車上，就向齊國而去。

齊桓公把女兒嫁給重耳做妻子，待重耳很好。重耳光是馬就有八十匹，他打算老死在齊國了，就說：「人生就是為了享樂，誰還去管別的什麼呀？」

齊桓公死後，孝公即位。這時，諸侯都背叛齊國。狐偃瞭解齊國不可能幫助重耳返國，同時曉得重耳認為齊國安逸，有終老於齊的打算，因此就打算離開齊國，但是又擔心重耳不肯走。於是狐偃就和隨從重耳一起逃亡的大臣趙衰等人在桑樹下商量這件事。齊國宮中一個養蠶的侍女在桑樹上採桑葉，狐偃等人誰也沒有發覺她。侍女把偷聽到的話稟報姜氏。

姜氏對公子重耳說：「你的手下想要和你一起離開齊國，你一定要聽他們的話，不能猶豫不決，遇事遲疑就不會達成天命，不能入晉為君了。《詩．大雅》上說：『上帝默佑你，你心裡千萬不能遲疑不決。』武王知道天命，故能成大事，遲疑怎麼行呢？你因晉國有危難而來這裡。自從你離開以後，晉國沒有一天太平過，百姓也始終沒有一位可信賴的國君。上天還沒有要晉滅亡，晉獻公有子九人，只有你還活著，再沒其他的公子了。能得到晉國的，不是你還有誰？希望你好好努力！上天在保佑你，遲疑一定惹禍！」

公子說：「我是不會被人說動的了，一定要老死在這裡。」姜氏說：「這樣不對。《詩．

小雅》上說：『早晚奔忙在大路上的人，沒有閒暇安居休息，還恐怕達不到目的，何況隨心所欲，貪圖安逸的人呢！這樣又怎麼能達到目的呢？』如果一個人不主動要求自己及時完成自己所要做的事業，那還怎麼來得及呢？時光是不停留的，一個人哪能只想獲得安逸呢？《周書》上有句話說：貪圖享樂和安逸對於大事是有危害的。齊國的政治衰敗了，晉君無道很久了，你手下深謀遠慮夠忠心的了，時光已經很迫切了，你的事業也應該差不多了。你去當晉國的君主，可以解救百姓，如果放棄這事業，那簡直不算人了。在齊國這種政治敗壞的環境下不宜久居，當前的有利時機不可錯過，隨從者的一片忠誠不可丟棄，私欲的眷戀不可苟從，你一定要趕快離開齊國。晉獻公九個兒子只剩下了你，你一定會享有晉國，為什麼還要眷戀著眼前的安逸呢？」但公子重耳不聽勸告。

姜氏只好與狐偃商量，把重耳灌醉了，裝上車送走。公子酒醒後，拿起干戈就要追趕舅舅狐偃，並且說：「假若事業不成功，我吃了你的肉，也不解恨！」

狐偃一邊逃跑，一邊回答說：「假若事業不成功，我還不知道自己死在哪裡，要是戰死在原野上，公子你連逃跑都來不及；如果你做國君了，那麼晉國所有最最鮮美可口的食物都會是你愛吃的。我狐偃的肉腥臊難聞，又怎麼用得上呢？」於是就啟程離開了齊國。

退避三舍

【名言】

文公立四年，楚成王伐宋，公率齊、秦伐曹、衛以救宋。……子玉釋宋圍，從晉師。楚既陳，晉師退舍，……退三舍避楚。楚眾欲止，子玉不肯，至於城濮，果戰，楚眾大敗。

——《晉語四・文公救宋敗楚於城濮》

【要義】

周襄王二十年（前六三二年）發生的晉楚城濮之戰，是我國歷史上以弱勝強的著名戰例之一。晉勝楚敗，從而奠定了晉文公的霸主地位，「退避三舍」這一成語也來自於這一戰爭。與《左傳》、《史記》中重點記載戰事經過有所不同的是，本文著重在於記言，透過戰事各方參與者的言談，反映出城濮之戰的概貌。

周襄王十九年（前六三三年），楚成王派兵攻打宋國，宋向晉求援。晉國君臣謀劃定策，決定首先聯合齊國、秦國參戰，然後統率晉、齊、秦三國軍隊攻打楚國的盟國曹、衛，如楚軍來救，則宋圍可解。楚成王見晉國出兵，便不想與之戰鬥，命令楚軍統帥子玉退兵，但子玉不同意。此時，晉國又用計爭取曹、衛，拘禁了楚國使臣宛春，分化了楚與其盟國曹、衛的關係，激怒了子玉，迫其出兵。此時，晉文公又遵守他在楚國時對楚莊王許下的「如在戰場上與楚軍交鋒，必退兵九十里」的諾言，當楚軍列開陣勢之後，晉軍後退九十里既顯示了自己的信用，又挫傷了楚軍的銳氣，最終取得了這場戰爭的勝利。至於城濮大戰的具體經過，只用了「果戰，楚眾大敗」六個字一筆帶過。

筆者之所以詳寫戰前複雜的謀劃和準備，而略寫戰爭經過，其意在於指出，戰爭的勝負其實在戰前的方略籌謀中已經決定了，智謀在戰爭中是第一位的，而不在於兵力的多少。該文在較短的篇幅中涉及到了參與此場戰爭的七個國家、眾多人物以及眾多事件，但交代得條理清晰，詳略得當，值得一讀。

【故事】

晉文公即位的第四年，楚成王攻打宋國，晉文公率領自己的盟國齊、秦的軍隊攻打楚國的盟國曹、衛，用以救援宋國。但楚國軍隊不為所動，並沒有去救援曹、衛，而還是加緊攻打宋國。

宋國派大夫門尹班向晉國再次求救。晉文公對大夫們說：「宋國又來求救，如果不幫助它，宋國就會與我們斷絕關係。如果我們請求楚國撤兵，不要再攻打宋國，恐怕楚國也不會同意。我想攻打楚國，但又怕我們的盟國齊、秦不願對楚國作戰。你們看怎麼辦才好呢？」

先軫（軫音ㄓㄣˇ）說：「不如想辦法激怒齊國和秦國，使他們怨恨楚國。」晉文公說：「這可以辦得到嗎？」先軫說：「您先把我們佔有的曹、衛之地賜給宋國。然後，讓宋國不向我們求援，而向齊國、秦國送禮，請求他們出面調解，讓楚國退兵。楚國愛護自己的盟國，看到齊、秦攻打曹、衛，一定不會答應他們退兵的請求。齊國和楚國的請求沒有實現，失了面子，一定會聯合起來怨恨楚國。然後我們再邀請齊、秦兩國聯合攻打楚國，他們就不會不同意了。」晉文公聽了很高興，決定依計而行，所以就把自己佔領的曹、衛兩國的土地賜給了宋國。

楚國的令尹子玉派宛春到晉國，對晉文公說：「請晉國恢復衛侯的君位，把侵佔曹國的土地歸還給曹國，我們也解除對宋國的包圍。」晉文公問先軫該怎麼辦，先軫說：「您還是允許他的請求吧。如果我們不同意楚國恢復衛侯君位、還曹國土地的要求，就是不允許楚國解除對宋國的包圍。楚國的請求可以說是給衛、曹、宋三國施加了恩惠；而我們如果不同意，就等於是招致了衛、曹、宋三國的怨恨。所以，我們應該私下答應曹、衛恢復他們兩國，用來離間他們與楚國的關係；對於楚國，我們應該把宛春扣留下來而激怒它，讓他們首先向我們開戰，等戰爭打起來再考慮曹、衛之事。」晉文公聽了很高興，就把宛春拘留在了衛國。

楚國的令尹子玉果然被激怒，解除了對宋國的包圍，追逐晉軍開戰。等楚軍佈列好陣勢後，晉文公下令讓晉軍後退三十里。晉軍的將士都很不理解，紛紛請戰說：「陣前撤退是一種恥辱。楚國軍隊已經疲憊了，必然要失敗。我軍為什麼要撤退呢？」

晉國大夫狐偃說：「你們大家忘記了國君流亡在楚國時，對楚君許下的『退避三舍』的諾言了嗎？我狐偃聽說過，兩軍作戰，理直的士氣就壯，理曲的士氣就衰。我們沒有報答楚王的恩惠而出兵救援宋國，這是我們理曲而楚國理直，楚國的將士沒有一個不是士氣高漲，所以儘管他們經過了長途跋涉，也不能認為他們疲憊不堪了。但如果我們的國君守信報恩，委屈於楚軍，而楚軍還不撤軍的話，那他們就理曲了。」

於是晉軍一直撤退了九十里躲避楚軍，直到城濮才列開陣勢準備應戰。這時，楚軍的將士都主張停戰撤軍，但是子玉不肯，追逐晉軍到達城濮。果然爆發了戰爭，結果楚軍大敗。

信於君心，則美惡不逾

【名言】

信於君心，則美惡不逾。信於名，則上下不干。信於令，則時無廢功。信於事，則民從事有業。於是乎民知君心，貧而不懼，藏出如入，何匱之有？

——《晉語四・箕鄭對文公問》

【要義】

逾，逾越。干，相犯、干犯。時，農時。廢功，即廢棄農功。業，次序、秩序。藏，儲藏。入，收入。匱，缺之。

這段話的意思是：在國君心中講求信用，美惡是非就不會相互逾越混淆。在名分上講求信用，上下貴賤就不會互相干犯。在施行政令時講求信用，就會不奪農時，成就農功。在使用民力時講信用，就會使百姓有秩序地各自從事其行業。這樣，民眾瞭解國君的心，即使貧窮也不會懼怕，富裕人家拿出家裡的財物賑濟貧窮，就像往自家裡收入財物一樣，那還有什麼匱乏呢？

本文透過文公與箕鄭的對話，主要論述了「信」的作用。箕鄭認為只要國君講求信用，能取信於民，不僅是飢荒，任何困難都能克服。

「信」是我國的傳統美德之一，歷來受到人們的重視。對於一個國家來說，信用是一個國家最重要的基礎。《左傳．僖公二十五年》曾載：「信，國之寶也。」孔子也說過：「民無信不立。」只有以信對別國，以信對百姓，國家才可以逐漸繁榮昌盛。對於一個人來說，誠信是一種美德。在社會交往中，守信用，重諾言，是人們普遍需要遵循的道德標準，所以就有了「一言既出，駟馬難追」的成語，孔子在《論語．為政》中說過：「人而無信，不知其可也」的話，意思是說人如果不講信用，不知道他用什麼立身處世。所以守諾講信是樹立良好個人形象的關鍵。不要輕易承諾，一旦承諾，就必須要兌現。

【故事】

晉文公出兵平定了王子定之亂，幫助周襄王恢復了天子之位。周襄王將包括陽樊、原城在內的八座城池賞賜給了晉文公，作為酬勞。但陽樊、原城等地的民眾不服，不願歸順晉文公。

晉文公便出兵包圍了這些城池，想以武力迫使他們歸順。

在晉文公發兵原城之前，命令將士們攜帶三天的糧食，如果三天不能攻克原城，就主動撤退。但是，晉文公沒有想到，原城民眾的抵抗是如此有力。經過晉軍三天的猛攻，原城仍然未被攻下，晉文公準備撤軍回去。

就在這時，晉軍派到城裡去的探子回來了，他稟告晉文公說：「大王，原城的民眾快要支持不住了，再支撐一兩天一定可以攻下原城。」

眾將士聞聽此言，紛紛對晉文公說：「大王，現在千萬不能撤軍啊。雖然糧草不多了，我們如果節省著用，還可以堅持一兩天，一鼓作氣攻下原城吧。如果我們此時撤軍，那就前功盡棄了。」但也有的大夫說：「大王，為了遵守您的諾言，應該撤軍回去。」兩方面說的都有道理，晉文公此時陷入了進退兩難的境地。而大家也都把眼光集中到了晉文公的身上。

過了一會，只見晉文公猛地揚起頭來，大聲說：「如果得到原城而失去信用，那我以後怎麼才能取信於民，又用什麼去指揮百姓呢？信，是民眾最為重視的，是不能失去的。我們撤軍回去。」

結果，當晉軍撤退到孟門時，原城的民眾便派人來請求歸降了。原來，原城的民眾在快要支持不住時，卻發現晉軍撤退了。一打聽，才知道是晉文公遵守諾言，履信撤軍。原城的民眾們普遍感到晉文公是一位難得的仁君，所以決定歸順晉文公。應該說，晉文公的這次勝利是取信於民的勝利。

後來，晉國發生了飢荒，晉文公問箕鄭說：「用什麼來救這次飢荒呢？」

箕鄭回答說：「用信用。」

晉文公又問：「怎麼用信用來救飢荒呢？」

箕鄭說：「在君王心中講信用。」當晉文公又問該怎麼做時，箕鄭說：「在國君心中講求信用，美惡是非就不會相互逾越混淆。在名分上講求信用，上下貴賤就不會互相干犯。在施行政令時講求信用，就會不奪農時，成就農功。在使用民力時講信用，就會使百姓有秩序地各從其行業。這樣，民眾瞭解國君的心，即使貧窮也不會懼怕，富裕人家拿出家裡的財物賑濟貧窮，就像在自家裡收入財物一樣，那還有什麼匱乏呢？」後來，晉國上下團結一致，果然平穩地度過了飢荒。

趙衰三次讓賢

【名言】

趙衰三讓不失義。讓，推賢也。義，廣德也。德廣賢至，又何患矣！

——《晉語四．文公任賢與趙衰三讓賢》

【要義】

晉文公三次想任用趙衰為卿，而趙衰則三次推辭，並推薦欒枝、先軫、狐偃、先且居等人為卿。所以晉文公稱讚他說：「趙衰的三次謙讓，都合乎禮義。謙讓是為了推舉賢才。禮義是為了推廣德行。德行得以推廣，賢才也紛至沓來，國家還有什麼可憂慮的呢？」

謙讓是中華民族的傳統美德。謙讓包含了謙遜和禮讓兩層意思。謙遜就是虛懷若谷、實事求是的態度；禮讓就是不與人爭名奪利、以禮相讓的待人美德。一位真正具有謙讓美德的人，一般都具有自知、知人、忠誠、通達、正直等優良品質。培養謙讓美德的關鍵在於正確認知自己，做到說老實話，做老實事，一絲不苟地工作，認真刻苦地學習，腳踏實地地生活。

【故事】

晉文公想任命趙衰為卿。趙衰推辭說：「欒枝忠貞謹慎，先軫足智多謀，胥臣見多識廣，都可以擔任輔佐之臣，我不如他們。」於是晉文公就任命欒枝統率下軍，先軫為下軍副帥，共同輔佐自己。在攻取衛國的五鹿時，晉文公採用了先軫的計謀，大獲全勝。後來，先軫擔任了中軍元帥，胥臣擔任下軍副帥，補先軫空缺。

晉文公又想任命趙衰為卿，趙衰又推辭說：「接納周襄王表示為臣之義，攻打原城、按期撤軍、取信於天下以及彰顯禮儀教化民眾這三件大事，都是狐偃提出來的。他輔佐您治理民眾，從事外交，均成效卓著，所以不可以不重用他。」晉文公便任命狐偃為卿。狐偃推辭說：「狐毛的才智，比我好得多，而且年齡也比我大。狐毛如果不在卿的職位上，我是不敢接受這一職務的。」於是晉文公就任命狐毛統率上軍，狐偃為上軍副帥輔佐他。

狐毛死後，晉文公想讓趙衰做上軍元帥，趙衰再次推辭說：「城濮之戰的勝利，先且居的功勞很大。他不但治軍有方，而且驍勇善戰，屢立戰功，這樣的人不可以不重用。而且像我這樣具有同等才能的人，還有箕鄭、胥嬰、先都他們呢！」

晉文公感嘆道：「趙衰的三次謙讓，都合乎禮義。謙讓是為了推舉賢才。禮義是為了推廣德行。德行得以推廣，賢才也紛至遝來，國家還有什麼可憂慮的呢？」於是任命先且居為上軍統帥。因為趙衰的緣故，晉文公在清原新組建了一支軍隊，任命趙衰為統帥，箕鄭為副帥輔佐他。

後來，晉國在晉文公知賢、用賢，趙衰讓賢、舉賢之風的影響下，群臣讓賢、舉賢形成風氣，晉國因此繁榮昌盛，終成霸業。

郭偃論治國之難易

【名言】

文公問於郭偃曰：「始也，吾以治國為易，今也難。」對曰：「君以為易，其難也將至矣。君以為難，其易也將至焉。」

——《晉語四・郭偃論治國之難易》

【要義】

本文透過晉文公和郭偃之間治國「易與難」的對話，闡述了治國難易的樸素辯證法。

這段話的大意是：晉文公問郭偃說：「開始的時候，我以為治理國家是一件很容易的事，現在才知道這是很困難的。」

郭偃回答說：「君王您以為容易的時候，那困難就要來臨了；但當您覺得困難的時候，那容易也就要來臨了。」

主觀上輕視它而不以為意的話，即使是容易的也會轉化為困難的；如果主觀上重視它而勤勉有加，困難的也就會變成容易的了。這個難易轉化的辯證法對於我們而言也是很有教育意義的，它告訴我們在處理工作、學習中的問題時，如果想取得理想的效果，都必須慎終如始，從主觀上高度重視，而絕不可掉以輕心，否則，失敗也許就在眼前了。

【故事】

呂蒙是三國時東吳的名將，他從小不喜歡讀書，卻練得了一身好武藝，年輕的時候立了不少戰功，吳王孫權很器重他。

有一次，孫權對呂蒙說：「你現在掌管國家的要事，應該多讀點書，增長計謀才是啊！這樣

我們才能抵擋魏國和蜀國的進攻。」

呂蒙回答說：「讀書對我來說真是一件難事啊！我從小就不愛讀書，認識的字也不多，現在再學恐怕更難了。再者我帶兵打仗，整日東奔西跑，哪裡有時間來學習呢？」

孫權笑著說：「也許你覺得困難的時候，那容易也就要來臨了。我並不是要讓你成為研究經典的儒生博士，只是希望你能有點歷史知識，能用腦子而不是光憑勇猛打仗。你說你整日在戰場上奔波，事情纏身，抽不出時間，這可以理解。但總不會比我還忙吧。我小時候曾經讀過《詩》、《書》、《禮記》、《左傳》、《國語》。雖然讀過了這些書，但我在掌握了國家大權之後，還是覺得知識不夠用，所以我又抽時間讀了『三史』、各家的兵書，讀後覺得大有收穫。像你這樣聰明、年輕的將領，學習後一定會收穫更大。你說你基礎不好，但只要你肯學，我相信堅持一段時間之後，你一定會覺得愈來愈容易的，難道你就不能再試試嗎？

「我建議你最好先讀《孫子》、《六韜》、《左傳》、《國語》和『三史』，以增長軍事計謀和瞭解歷史經驗。孔子曾經說過：『即使整日不吃飯、不睡覺地思考問題，也解絕不了問題，還是學習之後才能真正解決問題。』漢朝的光武帝雖然掌管天下的兵馬軍事要務，卻能手不離書，整日學習。魏國的曹操，雖然年紀不小了，但他卻經常稱自己是老而好學的人。跟他們相比，你更應該趁年輕之機努力學習，超越過他們才是啊。」

呂蒙聽了這番話之後很受震撼，於是開始刻苦讀書，堅持不懈，日積月累，結果他讀過的書甚至比那些專學經典的儒生們所讀的書都多。

魯肅剛代替周瑜做大都督的時候，經過呂蒙的駐地看望呂蒙。魯肅當時以為呂蒙不過是一員武將，沒有什麼雄才大略。兩人一起討論軍事韜略，言談中魯肅卻常為呂蒙的精闢見解、透徹分析所折服。魯肅不禁拍著呂蒙的肩膀，感慨地說道：「我原以為你只不過有點勇武膽略，想不到今天竟變成了　個學識如此廣博的人。你現在的才能謀略，跟當年的吳下阿蒙，可是大不一樣了。」

呂蒙自豪地說：「對一個人，三天不見就應該另眼相看，您可不能用過去的眼光看人哪！」

這樣，呂蒙透過自己的努力，充分發揮了自己的主觀能動性，重視學習而且勤勉有加，終於成為了三國時候的一員名將。

教誨之力

【名言】

質將善而賢良贊之，則濟可竢。若有違質，教將不入，其何善之為！……夫教者，因體能質而利之者也。

——《晉語四．胥臣論教誨之力》

【要義】

質，指本質。竢（竢音ㄙˋ），同「俟」，表示等待。違，指邪惡。因，指按照。體，指身體，引申為內因。能，指才能。

這段話的意思是：如果一個人本質良善而且願意接受教育，再有賢良的師傅教誨，就可以期望他成為優秀人才了。如果他本質邪惡又不願接受教育，怎麼能使他成為善人呢？……

教育，就是根據每個人不同的內在本質、個性、能力，加以因勢利導而使之成才啊。

本文是一篇關於教育方面的論文，透過晉文公和胥臣的對話，論述了有關教育的性質、功能和方法等方面的問題。

首先，胥臣認為教育是一種外在的教化手段，是否能在被教育者身上發揮作用，關鍵在於被教育者本身是否願意接受，受教育者的內因是發揮決定作用的要素。其次，胥臣又進一步指出教育要根據每個人的不同特點，加以因勢利導而使之成才。應該說這種認知是非常深刻的。

【故事】

晉文公想給自己的兒子選一位老師，便向胥臣詢問道：「我想讓陽處父做我兒子的老師來教育他，你認為他能教育好太子嗎？」

胥臣回答說：「太子是否能被教育好，主要取決於太子自己，並不取決於誰做師傅。就像直胸的殘疾人不能讓他俯身向下，駝背的人不能讓他仰面朝天，瘦弱的人不能讓他舉重物，矮小的人不能讓他攀高，瞎子不能讓他看東西，啞子不能讓他說話，聾子不能讓他聽聲音，無知的人不能讓他出謀劃策一樣。如果一個人本質良善而且願意接受教育，再有賢良的師傅教誨，就可以期望他成為優秀人才了。如果他本質邪惡又不願接受教育，怎麼能使他成為善人呢？」

晉文公說：「這樣說來，教育豈不是沒有作用了嗎？」

胥臣回答說：「教育的作用在於『文』，就是增益良善的本質使之更加美好，所以教育還是非常重要的。人生下來就要學習，不學習，原本良善的本質也會被湮沒的，就不可能走上正道了。」

晉文公又問：「那麼對於殘疾人應該如何教育呢？」

胥臣回答說：「這就需要他們的師長根據他們的才具來因材施教了。比如讓駝背的人俯身敲擊樂器，讓瞎子演奏樂曲，讓聾子負責燒火等等。教育，就是根據每個人不同的個性、能力，加以因勢利導而使之成才啊。這就像是一條河流，它有自己的源頭，人們加以疏通利用，讓河水逐漸匯成寬闊浩淼的洪流，最終流向大海啊！」

恪德臨事無不濟

【名言】

夫敬，德之恪也，恪於德以臨事，其何不濟。

——《晉語五．白季舉冀缺》

【要義】

恪（恪音ㄎㄜˋ），指恭敬謹慎。臨事，指處理政事。濟，指成功。

這句話的意思是：恭敬的行為是美德的外在表現，用恭敬謹慎的美德來處理政事，還有什麼不能成功的呢？

晉國大夫白季將罪人冀芮之子冀缺帶回晉國，並向晉文公舉薦說因為冀缺能做到敬，所以他是個人才。經過白季引古證今、條分縷析的論述，晉文公捐棄前嫌，唯才是用，採納了臼季的建議。臼季舉冀缺的故事，讚揚了臼季和晉文公唯才是舉、任人唯賢的優點和不計前仇的博大胸懷，也反映了我國古代對於道德品質的重視。

【故事】

晉文公在位時，晉惠公的重臣冀芮夥同呂甥陰謀叛亂，準備在絳城宮中縱火，趁機謀殺晉文公。有人把這件事偷偷告訴了晉文公，晉文公於是秘密離開絳城，並在秦穆公的說明下，將冀芮和呂甥殺死。冀芮的兒子冀缺為了避禍，只好舉家跑到冀邑郊外耕田度日。

臼季奉命出使回來，在冀邑的郊野住了一宿。看到冀缺在田裡鋤草，他的妻子來給他送飯，兩人相敬如賓，非常恭敬。臼季上前問他，才知道他是冀芮的兒子。臼季感覺他是一個有才能的人，就帶著他一起回到了國都。

臼季向晉文公稟告完出使的情況後，就將冀缺推薦給了晉文公。

臼季說：「我發現了一個賢能的人，他名叫冀缺。雖然他是罪臣冀芮的兒子，但我還是大膽向您推薦他。」

晉文公說：「他的父親有叛亂之罪，可以用他的兒子嗎？」

臼季回答說：「選拔國家的賢良之才，不應該計較他父輩的罪惡。古時候，舜帝雖然在懲辦罪人時殺死了鯀，但後來在舉拔人才時，卻起用了鯀的兒子禹。現在，君王您也聽說了，齊桓公親自舉拔了管仲，那可是親手傷害過他的仇敵啊！」

晉文公又問：「你怎麼知道冀缺是賢良之才呢？」

臼季回答說：「我看見他們夫婦以禮相待，即使在田間忙農事時也不忘記恭敬。恭敬的行為是美德的外在表現，用恭敬謹慎的美德來處理政事，還有什麼不能成功的呢？」

晉文公接見了冀缺，從談話中，發現這位年輕人果然恭敬謹慎，聰穎博學，於是就任命他為下軍大夫。後來，冀缺也果然不負臼季舉薦之情而屢立戰功，成為晉國上卿。

君子比而不黨

【名言】

比而不黨。夫周以舉義，比也；舉以其私，黨也。

——《晉語五‧趙宣子論比與黨》

【要義】

比，指以義相交，出於公心。黨，指以私利相勾結。

這句話的意思是：要以道義團結人，而不應結黨營私。對國家忠信負責，推舉誠守大義的人，叫做比；薦舉中相互勾結營私的，叫做黨。

「比」和「黨」是兩種不同的用人思想，貫穿其中的是薦舉人才的標準是公還是私。趙宣子舉薦韓厥是認為他能為國家做出貢獻，而不是因為韓厥與自己有什麼私人情誼。但他有些不放心，便故意派人去試探韓厥。而韓厥做了司馬後，碰到有人擾亂軍隊行列，儘管這人是趙宣子的人，而趙宣子又對自己有舉薦之恩，但出於公心，仍能秉公執法。這是因為他知道，趙宣子之所以舉薦自己，正是由於自己的秉公執法而不是與趙宣子的私人交情。他們兩人都以實際行動做到了比而不黨。

【故事】

趙宣子向晉靈公推薦韓厥，任命他為司馬。韓厥任職以後，在秦、晉河曲之戰時，趙宣子為了考驗他是否能執法嚴明，便派人乘坐他的戰車干擾軍隊的行列。韓獻子立即逮捕了趕車人，並將他處以了死刑。將士們都說：「韓厥這次一定是闖禍了，趙宣子剛剛推薦、提升了他的官職，他接著就把趙宣子的車夫給殺了，看來他的這個官位是保不住了。」

趙宣子接著召見了韓厥，不但沒有責怪之意，反而以禮相待。

趙宣子說：「我聽說侍奉君主的人要以道義團結人，而不應結黨營私。對國家忠信負責，推舉忠誠守義的人，叫做比；薦舉中相互勾結營私的，叫做黨。軍事行動是任何人都不能干擾的，對干擾的人不隱瞞包庇，而是秉公執法，這樣做就是出於正義。我向國君推薦你，但又怕你不能勝任。而推薦不勝任的人，是最大的結黨營私和失職瀆職了。侍奉君主卻結黨營私、失職瀆職，那我還憑藉什麼來執掌國家的政權呢？所以我故意派人駕駛戰車去干擾軍隊的行列，以此來觀察你的行為。你好好努力吧，如果今後你一直照此做下去，那麼將來執掌晉國軍政大權的，一定是你呀！」

事後，趙宣子又對大夫們說：「你們現在可以向我祝賀了，我舉薦韓厥是非常正確的，我到現在才知道自己可以避免犯結黨營私、失職瀆職的罪了。」但是，趙宣子故意派人用他的戰車去干擾部隊行列，以至於使那個干擾行列的人代罪被殺，是不可取的，這是歷史的偏執性，我們也無法苛求古人。

勿為寵驕

【名言】

夫賢者寵至而益戒，不足者為寵驕，……成人在始與善。

——《晉語六・趙文子冠》

【要義】

趙盾之孫趙武舉行加冠典禮後，去拜見以六卿為代表的各位前輩，接受他們的訓導和告誡。

范文子說：「賢明的人受到寵愛會更加警戒自己，而不夠賢明的人受到寵愛就會驕傲起來。」希望趙武不要因年少位高而驕傲自滿，而是應更加虛心地聽取各方面的意見，自己的行為也應加倍謹慎小心。俗話說：「謙受益，滿招損。」所以一個人無論何時何地，處於何種位置，應該有海納百川的胸襟和「三人行必有我師」的氣度，這樣才能不斷地從一個成功走向另一個成功。韓獻子則說：「作為成年人，一開始就要結交善良的人啊！」勸誡趙武要多交善友。這種見解也是很深刻的，「物以類聚，人以群分」，「近朱者赤，近墨者黑」，一個人交什麼樣的朋友，對他今後的成長會有很大的影響，所以我們希望青年朋友們一定要在交友方面慎重行事，注意「在始與善」，多擇良友，不斷加強自身道德修養。

【故事】

趙武舉行加冠典禮後，去拜見以六卿為代表的各位前輩，接受他們的訓導和告誡。他首先拜見的是欒武子，欒武子說：「好一位美男子啊！請力戒華而不實，努力追求實效吧。」

他又去拜見范文子，范文子對他說：

「賢明的人受到寵愛會更加警戒自己，而不夠賢明的人受到寵愛就會驕傲起來。所以創業興邦的君王獎賞敢於直言進諫的大臣，而貪圖逸樂的君王就會懲罰敢於進諫的臣子。我聽說古代聖明的帝王在建立了德政以後，還要聽取民眾的意見。在民謠中辨別吉凶，在朝廷裡考察百官政績，在道路上瞭解對國君的誹謗和讚譽。有了邪惡的地方就糾正過來，這些都是警戒自身的方法，古代聖明的帝王們最痛恨的就是驕傲。」

趙武去拜見駒伯，駒伯說：「好一位美男子啊！然而年輕人不及老年人的地方多著呢。」

趙武去拜見韓獻子了，韓獻子告誡道：

「要戒懼啊！加了冠就是成年人了，作為成年人一開始就要結交善良的人啊！一開始就與善良的人交往，善良的人會引進更多善良的人，而不善良的人也就沒有機會接近你了，久而久之，你就會變成善良的人。如果一開始就與不善良的人交往，不善良的人會引進更多不善良的人，善良的人也就沒有機會接近你了，久而久之，你就會變成不善良的人了。這就好比花草樹木的生長，各以其類在一起生長。所以你一定要在交友方面慎重行事，不斷加強自身道德修養，除此之外，還有什麼更高的要求呢？」

趙武去拜見張老，把卿大夫對他說的話轉告張老。

張老說：「好啊！聽從欒武子的話，可以領受教益不斷進步；聽從范文子的話，可以擴大你的胸襟，海納百川；聽從韓獻子的教誨，可以去惡從善成就功業。至於那些讓人洩氣的言論，不值得你去多想。長輩教導你為人處世的條件都具備了，能否有成就全看你自己的努力了。」

能內睦方能圖外

【名言】

能內睦而後圖外，不睦內而圖外，必有內爭，……過由大，而怨由細，故以惠誅怨，以忍去過。

——《晉語六·范文子論內睦而後圖外》和《范文子論外患與內憂》

【要義】

晉、楚鄢陵之戰前，范文子說：「能夠使內部團結，然後才能圖謀向外發展，如果內部不和睦團結而圖謀向外發展，必定會出現內部的爭鬥。」他認為在國內潛伏著深重危機的情況下，不能再外在起戰爭，否則國內的衝突就有可能會激化，所以他極力反對晉國和鄭、楚作戰。而在如何處理國內衝突、促使上下團結、國內安定的問題上，范文子認為，在內應該正確使用刑法，這是根據當時晉國的現實提出來的。因為當時晉國的刑法也是「刑不上大夫」；而對於平民百姓卻用刑又多又濫，致使民怨沸騰。范文子認為這種局面必須糾正，才能使政治清明，上下團結。他說：「過錯是由大臣鑄成的，小民們只是被迫發出怨恨，所以我們應該用恩惠去消除小民們的怨恨，而下狠心去糾正大臣們的過錯，絕不姑息手軟。」主張從嚴治吏，這是他在「民本思想」基礎上對於「刑不上大夫」陋習的挑戰，這在當時是具有非常深刻意義的。

另外，他在內部衝突難以協調的情況下，提出應該保留外患，化壓力為動力，迫使晉國上下在強敵威脅下兢兢業業，修明內政，緩和衝突，以禦外患。這種思想包含了「多難興邦」和「險峻多安，坦途覆之」的辯證法思想，無疑也是值得借鑑的。

【故事】

晉、楚鄢陵之戰前，晉國想爭取鄭國歸附自己，所以想去攻打鄭國。范文子意識到國內潛伏著深重的危機：晉厲公驕傲奢侈，六卿不和，公卿、大夫、貴族階層與下層民眾之間存在著非常尖銳的摩擦。他認為一旦外在再起戰爭，國內的衝突就有可能會激化，所以不同意這樣做。他對晉厲公說：「我聽說，作為一國臣子的人，能夠使內部團結，然後才能圖謀向外發展，如果內部不和睦團結而圖謀向外發展，必定會出現內部衝突的爭鬥，我們何不姑且先謀求內部的團結呢？而且，我們應該事先考察、詢問民眾的意願，然後再出兵，這樣即使我們出兵，國內的民眾也不會有什麼怨言。」

范文子認為晉國的當務之急在於使政治清明，上下團結，糾正那種因為王公大臣犯法可以逍遙法外而平民百姓卻動輒就獲罪終導致民怨沸騰的局面。所以，他又接著說：「我還聽說，國君首先要正確運用刑法，整飭好內政，安撫好百姓，使內部和睦團結，然後才能對外使用武力，使外國懾服。現在我們的刑法對民眾過多過濫，以至於對他們行刑的刑具都用壞了，而對大臣們卻不施刑罰。戰爭實質上也是一種刑罰，是對有過錯的國家用刑。而我們現在，對內尚且還有該用刑而不用刑的，又怎麼能對外去用刑呢？」

「過錯是由大臣鑄成的，小民們只是被迫發出怨恨，所以我們應該用恩惠去消除小民們的怨恨，而下決心去糾正大臣們的過錯，絕不姑息手軟。只有這樣才能有效地調動民眾們的積極性，依靠他們去戰勝強敵。現在我國的刑罰不能施行在有過錯的大臣身上，卻狠心施行在小民身上，那我們依靠誰去戰勝強敵呢？民眾不願參戰行使武力，即使取得勝利，也是僥倖的。依靠僥倖來處理政事，一定會產生內憂或者外患。如果產生的是外患，或許還可以補救；如果禍患從內部發生，那就難以補救了。我們何不姑且置楚國和鄭國不管，把他們作為外患呢？這樣也許可以化壓力為動力，迫使我們舉國上下在強敵威脅下兢兢業業，修明內政，以禦外患。」

內舉不避親

【名言】

擇臣莫若君，擇子莫若父。……臣請薦所能擇而君比義焉。

——《晉語七・祁奚薦子午以自代》

【要義】

義，同「宜」，指合適、適宜。

這段話的意思是：選擇臣子，沒有人比得上國君更瞭解；選擇兒子，沒有人比父親更瞭解。……我推薦能承擔這一職責的人，而請君王斟酌裁斷是否合適吧。

祁奚在請求辭去軍尉職務告老回鄉之時，晉悼公問誰可以接替他，祁奚「內舉不避親」，向悼公推薦自己的兒子接替自己。

用人唯賢，舉人唯善，不避親仇，不怕議論，這是需要一些勇氣和精神的。如果一個人不是心懷坦蕩，光明磊落，那麼他畏於旁人的議論，迫於環境的壓力，豈敢貿然推薦自己的親友？儘管自己的親友的確具有某方面的知識與能力，一般來說，他也寧願讓別人去舉薦，何必親自冒風險，討苦吃呢？

其實有這種想法的人，還是未能真正從大局出發，未能真正免除私心，只不過這種私心是想保持自己的清譽而已。祁奚之所以值得稱道，就在於他能夠從實際出發，根本不去想個人得失，而是純以國家利益為重，加之有知人之明，所以他敢於不避忌諱提出自己的舉薦。而晉悼公能果斷用之，也屬難能可貴。

【故事】

祁奚是晉國一位功勳卓著的老臣。隨著年齡漸長，他也該退休了。有一天，祁奚在朝廷上對晉悼公說：「大王，我年事已高，恐怕再也無法為國效力沙場了。所以我請求辭去軍尉職務，准許我告老回鄉。」

晉悼公和眾大臣紛紛表示了挽留之意，無奈祁奚去意已決。晉悼公只好問他說：「誰可以接替你的職務呢？」

祁奚回答說：「我的兒子祁午可以接替我的職務。」此話一出，包括晉悼公在內的眾人都是一驚。大家心想：這個老祁奚怎麼推薦起自己的兒子來了呢？

祁奚看到了眾人臉上驚疑的表情，他也沒管，繼續說道：「有人說，選擇臣子，沒有人比得上國君更瞭解；選擇兒子，沒有人比父親更瞭解。祁午小的時候，柔順而聽從長輩的教導，當他外出遊戲時，一定會告訴父母他的去向；當他外出需要在外逗留時，一定會告訴父母他在哪裡；而且他喜愛學習，從不貪玩胡鬧。他長大了以後，遵從父母的命令，堅持學業循序漸進，而不是好高騖遠，所以他的學識長進很大，博聞強記，漸有所成。他二十歲舉行冠禮，成年之後，內心和諧安詳而舉止謙恭有禮，對待弱小仁愛慈惠，處理大事鎮定冷靜，具備了正直的品質、高尚的情操，而沒有絲毫的放縱之心。如果讓他來處理軍國的大事，他可以超過我。請允許我選擇、推薦我自己的兒子，因為我認為他能承擔這一職責，而請君王斟酌考慮是否合適吧！」

晉悼公聽完之後，當時就理解了老祁奚為國的一片拳拳之心，說道：「好，准許祁奚辭去軍尉職務，任命祁午為軍尉。」

晉悼公任命祁午為軍尉後，祁午輔佐了悼公、平公兩代君王，在這麼長的時期內，晉軍中沒有一項失誤的政令。這個史實流傳很廣，被歷代傳為佳話。祁奚既有知人之明，又以國家利益為重，人們紛紛讚揚他的這種大公無私的精神。

言立於後世，死而不朽

【名言】

以豹所聞，此之謂世祿，非不朽也。魯先大夫臧文仲，其身歿矣，其言立於後世，此之為死而不朽。

——《晉語八・叔孫穆子論死而不朽》

【要義】

魯卿叔孫穆子到晉國去訪問，晉卿范宣子企圖向他炫耀自己的家世，便向叔孫穆子提出如何理解「死而不朽」一詞的問題。叔孫穆子深知其意，所以沒有回答。其實范宣子也沒有希望從叔孫穆子那裡聽到些什麼，便自吹自擂地闡述起了范氏的家史，並讚譽說這樣是「死而不朽」。不料叔孫穆子卻對他的話進行了中肯的批駁。他說：「據我聽到的，這種世世代代可以繼承爵位俸祿的，應該叫做『世祿』，而不是『死而不朽』。魯國以前的大夫臧文仲，他雖然死了，他的言論還在後代中流傳，被確立為行為的準則，這才叫做『死而不朽』啊！」

不朽是人們幾千年間都不曾拋棄的嚮往，這代表了人們對自己生命價值的重視，希望可以永生。如秦始皇就尋求長生不老之方，但肉體的長生是不可能的。那什麼可以不朽呢？叔孫穆子認為言論德行才可以不朽，這種觀念影響了中國人幾千年。

【故事】

魯襄公派叔孫穆子到晉國去訪問，晉卿范宣子問他：「古人有一句話叫做『死而不朽』，請問您知道這是什麼意思嗎？」叔孫穆子沒有作答。

范宣子於是接著說：「從前，我的祖先在虞舜的時候稱為陶唐氏，在夏朝的時候稱為御龍氏，在商朝的時候稱為豕韋氏，在周朝的時候稱為唐氏、杜氏。周王室衰微了，現在晉國成為盟主，我們又被稱為范氏，所謂『死而不朽』，大概就是說我們家這樣世代興旺發達的宗族吧。」

叔孫穆子回答說：「據我所聽到的，這種世世代代可以繼承爵位俸祿的，應該叫做『世祿』，而不是『死而不朽』。魯國以前的大夫臧文仲，他雖然死了，他的言論還在後代中流傳，被確立為行為的準則，這才叫做『死而不朽』啊。」

禮樂興邦

【名言】

夫樂以開山川之風也，以耀德於廣遠也。風德以廣之，風山川以遠之，風物以聽之，修詩以詠之，修禮以節之。夫德廣遠而有時節，是以遠服而邇不遷。

——《晉語八・師曠論樂》

【要義】

開，指開通、教化。山川，指全國各地。風，指風氣、風化。德，指德化。風物，指風化遍及萬物。節，指以禮節制音樂。時節，指勞作有時、動有禮節。邇，指近。

這段話的意思是：好的音樂是用來開通、教化全國各地風氣的，它可以將德化傳播到廣遠的四方，教化全國。使德政傳播到民眾之中，音樂的風化遍及萬物，使它們傾聽德教。人們作詩來歌詠德政，制禮來規範音樂。這樣德政就可以廣布到遙遠的四方，而使人們勞作有時，動有禮節。因此遠方的人前來歸服，近處的人也不願遷徙。

衛國的樂官師涓為晉平公演奏新的樂曲。晉國的樂官師曠聽音察政，認為師涓演奏的是亡國之樂，不允許他再演奏下去了，並對晉平公進行了解釋。

周朝文化被稱為禮樂文化。「樂」在周朝的時候，被認為是與「禮」同等重要的教化萬民、成就德政的重要手段。「樂」由內而發，它的作用在於和悅宣導人民的心聲；「禮」由外而作，它的作用在於節制人民的心志嗜欲；「樂」的目標在於協同好惡；「禮」的目標在於區別差等。如果「樂」與「禮」相輔相成，一方面可以合同人們的心意，一方面又能約束人們的行為。那就可以達到君王無為而治、人民幸福安康的最高境界。當然，這只是當時人們的一種美好理想，在現實中是無法實現的。

【故事】

有一次，衛靈公到晉國去，走到濮水上游時，天色已晚，就暫時停駐了下來。半夜裡好像聽到有人在彈琴，就問左右的侍從，他們都說沒有聽到。衛靈公召來樂官師涓，對他說：「我明明聽到有人在彈琴，問左右侍從，他們卻說沒有聽到，我要你來給我仔細聽一聽，如果聽到了，你一定要把這樂曲記下來。」師涓說：「我也聽到了，現在我就把樂曲記下來。」於是就端端正正地坐好，手撫在琴上，一面仔細聽，一面寫下來。為了把這首曲子練好，他們還多留了一天。

衛靈公到了晉國，拜見晉平公。晉平公在施惠之台上大擺酒宴，招待衛靈公君臣。酒酣耳熱之際，衛靈公說：「在這次來的路上，聽到了一首新的樂曲，演奏給您聽聽如何？」晉平公說：「可以。」衛靈公就命師涓坐在晉國樂官師曠的旁邊，撫琴演奏起來。樂聲奇幻悠揚，晉平公非常愛聽。

可是還沒有演奏完畢，師曠就按住琴，不讓師涓再演奏下去了。晉平公很奇怪，就問師曠說：「你這是幹什麼？」

師曠回答說：「這是亡國之音，最好不要再聽下去了。好的音樂是用來開通、教化全國各地風氣的，它可以將德化傳播到廣遠的四方，教化全國。使德政傳播到民眾之中，音樂的風化遍及萬物，使它們傾聽德教。人們作詩來歌詠德政，制禮來規範音樂。這樣德政就可以廣布到遙遠的四方，而使人們勞作有時，動有禮節。因此遠方的人前來歸服，近處的人也不願遷徙。而壞的音樂則容易使人心意迷亂、陷溺而不能振作；或者使人心生驕逸而煩躁不安。師涓所演奏的音樂，是商紂王所喜愛的靡靡之音，所以為臣制止了他。」

晉平公很不高興地說：「我最喜歡的就是音樂，希望能聽完它。」於是師涓就繼續彈奏到曲終為止。

從此以後，晉平公就經常命人彈奏這首曲子給他聽。說來也奇怪，同年晉國發生了大旱災，三年之間遍地寸草不生，強大的晉國自此就衰微下去了。事實上，就音樂的起源來說，都是由於人心有所感而發才產生的。從中確實也可以聽出譜寫樂曲、演奏樂曲的人想要傳達的一種意念。而師曠聽音辨意，從樂官師涓為晉平公演奏的新樂曲中，聽出了與當時應有的正樂不和諧的樂音乃至樂意，所以指出這是亡國之音，應該說還是有一定道理的。

叔向諫殺豎襄

【名言】

叔向諫殺豎襄。

——《晉語八・叔向諫殺豎襄》

【要義】

這是一則叔向救護豎襄的喜劇性小故事，生動形象，用詞貼切。說的是晉平公要殺死無辜的豎襄，叔向知道後，進行諫阻。他進諫的方式很特別，他並沒有據理力爭請求赦免無辜的豎襄，而是採用正話反說的形式，勸平公趕快殺豎襄。然後引古論今，用唐叔的神勇反襯平公的無能，歌頌唐叔的英明，暗斥平公的荒唐，從而將事情的實質揭示開來，使平公意識到如果枉殺了豎襄，就會使自己陷入更大錯誤，必然會受各國諸侯的恥笑，因此赦免了豎襄。最後一句「君忸怩，乃趣赦之」，刻畫出平公內心羞愧而表現在行動上的不安，妙趣橫生。

【故事】

晉平公出外打獵，在樹林中向一隻雀射了一箭，箭擦著了小鳥的羽毛，沒有射死，但小鳥受到驚嚇卻直往下掉。晉平公忙叫小內侍豎襄去捉，誰知小鳥在往下掉的過程中，奮力展翅，又飛走了。平公大怒，認為豎襄要是早到一步，就能抓住小鳥，而現在沒能抓住，顯然是辦事不力；又怕自己連隻鳥都射不中的事傳揚出去遭人笑話，所以傳令將豎襄拘留起來，準備殺死豎襄。

叔向聽說了這件事，晚上去拜見晉平公時，晉平公對他說：「你聽說了嗎？我已經把鳥射下來了，可是小內侍豎襄竟然讓這隻鳥又飛走了，他真是該死。」

叔向說：「是呀，君王一定要把他殺掉。從前我們的開國君王唐叔在樹林打獵時，一箭就射死了一頭犀牛，還用犀牛皮做了一副大鎧甲，因此得到諸侯的敬重，百姓的擁護，成為晉國的君王。現在君王您繼承了先君唐叔的江山社稷，卻連一隻小鳥都射不死，讓人去捉又沒捉到，這簡直是在宣揚我們晉國王室的恥辱。請君主一定要趕快殺死小內侍豎襄，千萬不能讓這件事傳播到遠方去，我們實在丟不起這個人啊！」

晉平公聽完，心想：你這哪是為我開脫，分明是說我要是殺了小內侍豎襄，不但是我無能，而且諉過於人，如果傳出去，那不更是丟人現眼？想到這裡不禁面露愧色，對叔向說：「我看還是赦免了豎襄吧。」

叔向連忙回答說：「君王聖明啊。」

叔向賀貧

【名言】

叔向見韓宣子，宣子憂貧，叔向賀之。……「若不憂德之不建，而患貨之不足，將吊不暇，何賀之有。」

——《晉語八・叔向論憂德不憂貧》

【要義】

韓宣子是晉國正卿，他正在為沒錢跟卿大夫交往而發愁，叔向卻向他祝賀。叔向認為一個人應該憂德行的不立，不應愁財產的不足。無德多財，禍害愈大；有德即使無財也可免災難，甚至轉禍為富。

叔向賀貧，在歷史上傳為佳話，賀貧的實質是賀德。叔向在欒、郤兩家敗亡的論述中，說明貧的可賀和富寵驕泰的可憂，字裡行間透露出他對晉國豪門貴族「驕泰奢侈，貪欲無藝」行為的不滿，從而強調為官貧窮不值得憂愁，只要有德行就行。孔子也說過「君子憂道不憂貧」的話。這說明在處理德與財的關係上，古代的聖哲們歷來把德放在第一位，把財放在第二位，德為本，財為末，以德來統率財。

【故事】

叔向去見韓宣子，宣子正在憂愁自己的貧困，叔向卻向他表示祝賀。

宣子說：「我有正卿的名分，卻沒有與正卿相當的財富，因為沒有錢做見面禮，所以無法和卿大夫們交往，我正因此發愁，而你卻祝賀我，這是什麼緣故？」

叔向回答說：「從前欒武子為晉國正卿，沒有一百頃土地的財產，家裡連祭祀的東西都不完備。可是他能夠宣揚德行，按照法律制度辦事，美名傳播於諸侯。諸侯親近他，戎、狄歸附他，因而使晉國走上正規道路，依法而行，不出差錯，所以避免了災難。傳到他兒子桓子手裡，驕傲奢侈，貪得無厭，橫行不法，牟利斂財，本當遭到災禍，但是靠了他父親武子的餘德，才得以善終。欒懷子的行為和他父親桓子不一樣，他學習祖父武子的德行，本可以憑這點免除了禍害，但是因為受到他父親桓子罪惡牽連，以致逃奔到楚國。

「再說那個郤昭子，他的財產佔了晉國公室財產的一半，他家族的子弟在晉三軍中擔任將佐的佔了一半，仗著他家的富有和得到國君寵愛的權勢，在國內過著奢侈豪華的生活。最後，他自己被處死並在朝堂陳屍示眾，他的宗族也在絳邑被滅絕。如果不是這樣，那八個姓郤的有五個做大夫，三個做卿，他們的寵幸夠大了；可是一旦被消滅，沒有一個人同情他們，那是因為沒有德行的緣故啊。而今你有欒武子那樣的清貧，我認為你也具備了武子的德行，因此才表示祝賀。如果不愁自己沒有建樹德行，卻只為財貨不足而發愁，那麼恐怕連表示哀悼還來不及，又有什麼可以祝賀呢？」

宣子下拜感謝，並叩頭說：「我韓宣子將要走上危亡之路的時候，幸虧您的教誨保全了我。不僅我一個人蒙受你的恩惠，而且從我的祖先桓叔以下的子子孫孫，都感激你的恩德。」

人不可以不學

【名言】

人不可以不學，……人之有學也，猶木之有枝葉也。木有枝葉，猶庇蔭人，而況君子之學乎？

——《晉語九・范獻子戒人不可以不學》

【要義】

周景王二十四年（前五二一年），晉卿范獻子到魯國去訪問，不知道魯國的禁忌避諱，鬧出了笑話。他對此進行了深刻的反省，認為這是由於自己學習不夠才造成的。所以他回國後，普遍告誡他所認識的人說：人不可以不學習。我到魯國去訪問時直呼他們兩位先君的名字，犯了他們的忌諱，讓人家笑話，這是因為我不學習的緣故啊！人有學問，就好比是樹木有枝葉一樣。樹木有枝葉，還可以讓人們遮蔭乘涼，何況君子有了學問呢！

這段話宣導了一種非常重要的學風，即求真求實、勤學好問。一個人的見識是有限的，所以要想使自己的行為保持明智，就應該有求真求實的學風。知道的就是知道，不知道的就是不知道，不懂的就要向別人請教，這樣才不會使自己犯糊塗的錯誤，能夠這樣做的人也會因為善於向別人學習而讓自己不斷進步。

【故事】

晉元帝即位第二年的時候，匈奴國的漢國國王劉聰病死，漢國內部也發生了分裂。劉聰的姪子劉曜接替了國王的位子。他改國號為趙。原來在他手下的石勒此時兵力也日益擴大，不願再接受劉氏王朝的統治，就自稱趙王。

這個石勒是羯族人，他們家世代是羯族部落的小頭目。年輕的時候，他們住的并州鬧飢荒，他和部落失散了。石勒曾給人家做過奴隸，後來又被亂兵捉住，關在囚車裡，趁著亂兵追捕鹿群的機會，他才逃出來。受盡苦難的石勒沒有出路，就召集了一群流亡的農民，組成了一支強悍的軍隊。劉淵起兵以後，他帶領軍隊投在劉淵部下做了一名將領。由於石勒沒受過什麼教育，不識漢字，他擔任大將以後，知道光能打仗、光勇敢還不行，於是就找了一位漢族的謀士張賓，在他的幫助下，制定了很多正確的策略。他還收留了漢族中的貧苦讀書人，組織了一個「君子營」。

石勒強大起來，最終消滅了劉曜的勢力，自己稱皇帝，把劉氏王朝的趙國稱為「前趙」，把自己建立的國家稱為「後趙」。石勒自己沒有文化，卻能夠當上皇帝，最重要的就是他不恥下問，虛心向有知識的人學習。

當上皇帝以後，他仍然十分尊重讀書人。他定了一個政策，凡是抓到讀書人，都不許處死，必須送到襄國（後趙的國都）來，由他親自處理。他聽從張賓的意見，設立學校，讓他部下將領的子弟都進學校讀書。他還建立了保舉和考試制度，凡是各地保舉的人才，經過嚴格的考試，都可以做官。

石勒嚴禁部下提到「胡」字或「羯」字，但是有時候讀書人犯了禁令，他也會寬容。有一次，有個漢族官員樊坦被任用做官，石勒召他進宮，他穿著一身破破爛爛的衣服進來。石勒見他這個樣子，很吃驚，問他：「你怎麼窮到這個樣子？」

樊坦一時激動，忘了禁令，脫口說道：「剛剛碰到一批羯賊，把我的家當都搶走了，家裡連一件像樣的衣服都沒有了。」

石勒知道他吃了虧，就安慰他說：「羯賊這樣亂搶東西太不應該了，我來替他們賠償吧。」樊坦這時突然想起自己觸犯了禁令，嚇得渾身發抖，忙向石勒求饒。石勒笑著說：「這個禁令是對付一般人的，你們是讀書人，我要時常向你們請教，我不會因此怪罪你們的。」說完還賞給樊坦一輛馬車、一些衣服錢財。

石勒自己不識字，但是很喜歡找一些讀書人來把書講給他聽，一邊聽還一邊發表自己的見解，有的見解還很深刻。有一次，他讓人為他講讀《漢書》，聽到有人勸漢高祖劉邦封舊六國貴族的後代，他就說：「劉邦採用這樣的錯誤做法，還怎麼能夠得天下呢？」講書的人馬上告訴他，由於張良的勸阻，劉邦並沒有這樣做。石勒聽後點頭說：「這樣才對嘛。」

又有一次，石勒舉行宴會招待大臣，宴席上他向大臣問道：「你看像我這樣，可以比得上古代哪位帝王？」

大臣吹捧他說：「陛下英明神勇，比漢高祖還強。」

石勒笑著說：「你說得太過分了。我要是遇到漢高祖，只能做他的部下，跟韓信、彭越大概差不多。要是和漢光武帝比，可能還差不多。」

石勒是一個沒有知識的人，但是他最後能夠成為一國之君，根本原因就是他善於用人，尊重知識，尊重人才，不管自己身處什麼樣的高位，都不恥下問，不明白的就去問、去學，避免自己犯愚蠢的錯誤，所以他能夠獲得成功。而現在更是一個資訊、知識日新月異的時代，所以更需要我們以謙虛的態度勤學好問，才能獲得更大的進步。

董叔欲為繫援

【名言】

求繫，既繫矣；求援，既援矣。欲而得之，又何請焉？

——《晉語九・董叔欲為繫援》

【要義】

董叔向范氏求婚，一心想藉此攀附權貴。叔向進行勸說，董叔不聽，還是一心想讓叔向幫忙，與范家「繫援」。「繫援」在當時是聯姻的意思。後來，叔向碰見董叔被綁吊在范家的槐樹上，叔向用「求繫，既繫矣；求援，既援矣。欲而得之，又何請焉」的幽默語言，諷刺了這個貪鄙的人。

這句話的意思是：你想求繫，現在已經繫上了；你想求援，現在已經綁起來了，你想得到的都得到了，還有什麼可請求的呢？「繫援」作為雙關語，呼應前後，寫得含蓄風趣，栩栩如生。

【故事】

董叔將要娶范獻子的妹妹范祁為妻。叔向說：「范氏家族富貴，而你只是一個普通人，差距太大了，何不取消這門婚事呢？」董叔回答說：「我正想透過婚姻關係來與范氏家族繫援呢，怎麼可以取消這門婚事呢？」

有一天，范獻子的妹妹范祁向范獻子告狀說：「董叔不敬重我。」范獻子就把董叔抓來綁吊在范家庭院中的槐樹上。

這時，叔向正好到范家來。董叔看見他，忙請求道：「您替我去向范獻子求個情吧。」叔向笑著對董叔說：「你想求繫，現在已經繫上了；你想求援，現在已經綁起來了。你想得到的都得到了，還有什麼可請求的呢？」

這個小故事反映出了這樣一個問題：我們應該如何取得自己的成功呢？是像董叔那樣把精力放在攀龍附鳳、尋求捷徑上，借助各種關係以求得富貴呢？還是把精力放在修養道德、勤奮學習上，以自己良好的道德品質、深厚的知識基礎、出色的才能來創造一片屬於自己的天空呢？故事的答案是很清楚的。董叔雖然達到了與范家通婚的目的，但卻被驕橫的妻子吊在了樹上，受到本不該受的屈辱。

我們在嘲笑董叔的同時，是不是也為他感到了一絲悲哀呢？正如某位作家在一篇作品中感嘆的那樣：「窮人接近富人，就像下雨天沒有帶雨傘的試圖接近帶雨傘的，以為可以避雨，結果卻淋得更濕。」也許古人的這個小故事，可以給我們帶來更多的啟示。

史伯論興衰

【名言】

桓公為司徒，甚得周眾與東土之人，問於史伯曰：「王室多故，余懼及焉，其何所可以逃死？」史伯對曰：「……若前華後河，右洛左濟，主芣、騩而食溱、洧，修典刑以守之，是可以少固。」……公說，乃東寄孥與賄，虢、鄶受之，十邑皆有寄地。

——《鄭語・史伯為桓公論興衰》

【要義】

主，指寓居。芣（芣音ㄈㄡˊ），芣山。騩（騩音ㄍㄨㄟ），騩山。溱（溱音ㄓㄣ），溱水。洧（洧音ㄨㄟˇ），洧水。

西周將亡之際，鄭桓公作為王室的卿士恐遭禍難，便向史伯請教避難之地，史伯為鄭桓公縱論天下大勢，指出晉、楚、秦、齊必將繼而興起，西周衰微，而周圍戎狄等少數民族必因周衰而興盛，故不宜在西周地區發展，而只有濟、洛、河、潁之間廣大地區可據以自固。鄭桓公聽了之後很高興，就按照史伯說的去做了。結果，經過鄭桓公和其子鄭莊公的共同努力，鄭國在春秋初年成就了首霸中原的事業。

這篇文章主要顯示了史伯對於天下大勢準確地判斷，同時也展現了他精通天文曆法、歷史地理，知識淵博，具有深邃的政治洞察力和英明的預見力等多種才能。今天我們重讀這篇文章，一方面可以瞭解春秋初年中原大地上的風雲變幻；另一方面，我們也可以從史伯雄辯的論述中，得到多方面的啟示和資料。

【故事】

鄭桓公做周幽王的司徒，很得西周及東土的民心，他問史伯說：「王室多難，我怕災難連累到自己，什麼地方可以逃難，免於一死？」

史伯回答說：「眼看王室江河日下，戎狄一定會興盛起來，不能逼近它。在周都洛邑的周圍，南有楚、申、呂、應、鄧、陳、蔡、隨、唐等國；北有衛國、燕國以及北狄、鮮虞、潞、洛、泉、徐、蒲等赤狄各部族；西有虞、虢、晉、隗、霍、揚、魏、芮八國；東有齊、魯、曹、宋、滕、薛、鄒、莒等國。這些不是王室的姬姓的子姪母弟、異姓甥舅親戚，就是蠻、夷、戎、狄等。他們不是王室的親屬，就是凶頑之人，周王是不能駕馭他們的。大概只有濟水、洛水、黃河、潁水之間比較安全吧。這一區域內封為子爵男爵的國家，虢、鄶（鄶音ㄎㄨㄞˋ）二國較大。虢叔、鄶仲兩個國君憑恃他們國家山阻水險，都有驕傲奢侈、怠惰輕慢的思想，再加上貪婪、嫉妒，您倘若因為周王室災難的緣故，把妻兒財產寄託在虢、鄶兩國中，他們不會不答應。周王室混亂衰敗，虢、鄶之流驕傲、貪婪，以後一定不守信義，會背棄您，您如率領洛陽的軍民，奉正義之辭去討伐他們背信棄義之罪，沒有不勝利的。倘若攻取了虢、鄶兩國，那麼鄢、蔽、補、丹、依、蹂、歷、華等也都會成為您的領土。如果前面是華邑，後有黃河，右有洛水，左有濟水，寓居在芣、二山，享用溱、洧二水流域出產的物資，修訂法律、制度，並好好遵守它，這樣就可以憑藉這些而得到稍微安定、鞏固的局面。」

桓公聽了很高興，於是就向東方寄託了妻兒和財產，虢、鄶二君都接受了。從此，桓公在虢、鄶、鄢、蔽、補、丹、依、蹂、歷、華等十邑中，都埋下了伏線。

史伯論和同

【名言】

夫和實生物，同則不繼。以他平他謂之和，故能豐長而物歸之；若以同裨同，盡乃棄矣。

——《鄭語．史伯為桓公論興衰》

【要義】

和，和諧。同，苟同。平，調和。裨（裨音ㄅㄧˋ），彌補。

這段話的意思是：和諧才能生成萬物，苟同就不能發展。用陰協調陽叫做和諧，所以能豐富發展而萬物歸於統一；用苟同彌補苟同，就無所成就了。

鄭桓公問史伯：周王朝將會衰亡嗎？史伯從「和實生物」的哲學思想出發，認為周朝已經接近於要衰亡的邊緣了。

在這裡，史伯透過對「和同」範疇的概括，第一次以理性的形式提出了有關矛盾統一性的問題。什麼是「和」？就是以一種元素與另一種元素相配和，求得矛盾的均衡和統一。聰明的君主要善於「以他平他」，即致力於均衡和統一，以此來指導生產，就能「豐長而物歸之」，即萬物豐富發展，以此來治理國家；也可以傾聽順逆之言，從而取得安定團結的政治局面。如果「去和而取同」，害怕對立面，「以同裨同」，取消對立，那就會造成獨斷專行，無所成就了。

【故事】

鄭桓公問史伯說：「周王室將會衰亡嗎？」

史伯回答說：「肯定接近於衰亡了。《尚書・秦誓》中說：『民眾所希望的，上天一定會聽從。』現在君王拋棄光明正直的忠臣，而喜歡挑撥是非、陰險的奸臣；厭惡賢明的臣子，親近愚頑、鄙陋的壞人。拋棄和諧而正確的主張，採納苟合而錯誤的意見。

「和諧才能生成萬物，苟同就不能發展。用陰協調陽叫做和諧，所以能豐富發展而萬物歸於統一；用苟同彌補苟同，就無所成就了。先王知道萬物都是由物質元素相配合形成的，所以他用土與金、木、水、火配合，而生成萬物；先王知道香甜可口的美味是各種味道協調的結果，所以他調和酸、甜、苦、辣、鹹五種滋味來適合人們口味；先王教育人們強健四肢用來捍衛身體；他調和六種音律來使人們的耳朵聰穎；他還指導人們要端正七竅來為心服務，調正身體的八個部分用來形成完人，健全人的五臟來樹立純正的德行，而且建立了各種等級來指導官員的行為。這樣，聖明的君王擁有九州的土地，收取正常的經費養育萬民，並用忠信來教育他們，使他們和樂如同一家人，和諧也就達到頂點了。」

「在這樣的思想指導下，君王會選擇敢於直諫的人為官，來處理眾多的政務，努力做到和諧而不是苟同。只有一種聲音就沒有什麼可聽的了，事物只有一種顏色也就沒什麼文采了，東西只有一種味道就沒有什麼美味了，事物只有一類就沒有什麼可比較的了。現在君王拋棄了這些和諧的法則，而專門喜歡苟同。上天奪去了他的聰明，要想不衰亡，辦得到嗎？」

楚材晉用

【名言】

晉卿不若楚，其大夫則賢，其大夫皆卿材也。若杞梓、皮革焉，楚實遺之。雖楚有材，不能用也。……晉人用之。

——《楚語上．蔡聲子論楚材晉用》

【要義】

杞梓，指杞木和梓木，兩種名貴木材。這段話的意思是：晉國的正卿不如楚國的令尹，但晉國的大夫卻很賢能，他們的大夫都是當卿相的人才，好像杞木、梓木和皮革一樣，這些能人都是楚國送給他們的，楚國雖然有人才，卻不能使用。……而晉國卻能夠使用。

蔡聲子為了幫助蒙冤出逃的椒舉回國，便運用了「楚材晉用」的四個實例，勸諫令尹子木應珍視和愛護人才，不能將有用之材都推給別國所用。

楚國的逐漸衰落，是與楚國人才的大量外流關係密不可分的。雖然人們都知道人才的重要性，但是在現實的生活中，當權者、領導者很難做到真正重視人才，人才得不到重用而被迫外流的事經常發生。產生這種現象的原因是多方面的，其中最主要的問題是出在當權者身上。首先是因為當權者缺乏識別人才的能力，這樣人才在他的手下，得不到發揮才能的機會，也看不到成功的希望，所以只好「走為上策」；其次是因為當權者求全責備、是非不明，所謂「金無足赤，人無完人」，再高明的人才也會有這樣那樣的缺點，如果因其缺點而不敢或不願重用，人才也會萌生去意；第三是因為當權者心胸狹窄、嫉賢妒能、剛愎自用，不能容忍自己手下的人才超過自己，聽不進去逆耳的忠言，這樣人才不但不能發揮應有的作用，反而有很大的危險，不得不想方設法早日脫離是非之地。在楚國可以說以上三種情況都不同程度地存在著。而反觀晉國，之所以能夠日益強大，原因就在於能夠不拘一格地重用人才，以寬闊的胸襟、氣度招攬天下的賢才能士。

【故事】

椒舉娶了子牟的女兒為妻，子牟犯罪逃亡了。楚康王以為是椒舉慫恿他逃走的，要捉拿椒舉。椒舉在恐懼下也出逃到鄭國，準備投奔晉國。椒舉在鄭國正好碰到了要出使晉國的楚國大夫蔡聲子，便對他訴說了自己的冤屈。蔡聲子對他說：「你放心，我一定設法讓你回到楚國去。」

聲子出使回楚，拜見令尹子木，當子木問他對楚、晉兩國大臣的看法時，聲子說：「晉國的正卿不如楚國的令尹，但晉國的大夫卻很賢能，他們的大夫都是當卿相的人才，好像杞木、梓木和皮革一樣，這些能人也都是楚國送給他們的，楚國雖然有人才，卻不能使用。」

子木感到很奇怪，便問聲子：「為什麼說是楚國送給晉國人才呢？」

聲子回答說：「從前令尹子元遇難後，有人就向楚成王進讒言，誣陷子元之子王孫啟，成王沒能正確處理這件事，王孫啟就逃到晉國去了，晉國人重用了他。等到晉楚城濮之戰時，王孫啟參與了晉軍的軍事活動。當晉軍對於戰爭的勝利沒有把握而想要撤退的時候，王孫啟對晉軍的主帥先軫說：『這次軍事活動，楚國只有子玉想作戰，而楚王並不想作戰，所以來的軍隊人數並不多。而諸侯跟著來的，大多是充充樣子，有差不多一半已經背叛了子玉。所以楚軍的戰鬥力並不強，而且將帥離德，軍心渙散，如果打起來，晉軍一定可以戰勝楚軍。在這樣的情況下，晉軍怎麼能撤兵呢？』先軫聽從了他的話，果然在城濮一戰中把我們打得大敗。歸根結底，這都得算是王孫啟幹的呀。另外，還有析公、雍子、申公巫臣都是被我們逼到晉國去的，而回過頭來，他們又給我們製造了很多麻煩，造成了很大損失啊！」

「現在椒舉娶了子牟的女兒，子牟犯罪逃亡了，執政大臣也沒能正確處理這件事，而是對椒舉說：『這是你慫恿他逃跑的，如果我們不能把他抓回來的話，就治你的罪。』椒舉害怕跑到了鄭國，但他還是緬懷故國，整日伸長了脖子望著南方，說：『賢明的大臣們，也許能赦免我的罪吧。』我們如果不能處理好這件事，他也會跑到晉國去的，晉國人又將會重用他。假如他幫助晉國算計楚國，那我們楚國肯定又會吃虧了。」

子木聽了之後很受震撼，忙說：「您看這可怎麼辦呢？赦免他的所有罪名，召他回來，他肯回來嗎？」

聲子回答說：「逃亡的人有了生路，又怎麼能不回來呢？」

子木高興地說：「那就請您替我把他召回來吧，我會加倍補償他所遭受的冤屈的。」於是聲子便派人到鄭國把椒舉召回國，恢復了他的職位。

無害為美

【名言】

夫美也者，上下、內外、大小、遠近皆無害焉，故曰美。

——《楚語上・伍舉論台美而楚殆》

【要義】

周景王十年（前五三五年），楚靈王勞民傷財，建成一座章華之台，自詡章台壯麗華美。由此引出大夫伍舉關於台美非美、德美才美的一番什麼是美的議論，觀點鮮明，見解深刻，意境高遠，可以說是古代論述美學的著名文章之一。

什麼是美？伍舉認為對上對下、對內對外、對小對大、對遠對近都沒有害處，這才叫做美。伍舉的深意是說，只有無害於國、無害於民才可以稱為美。這就從理論上、本質上揭示了美的真諦。怎樣才能做到無害?伍舉認為必須以有利於國、有利於民為準則。作為國君,必須有德,以德義治國、愛民、節約財用,一切從國家和民眾的利益著想,不斷提高國家的威望,增加人民的財富,而不能為了滿足個人的私欲而濫用民力,違背農時,有害於國,有害於民。

【故事】

楚靈王建造了章華之台,與伍舉一起登台賞玩。楚靈王說:「這高台真美啊!」伍舉回答說:「我聽說國君把賢德當作美,把安撫百姓看作快樂,把聽到有德行的人所說的話叫做聰,能夠把目標定得遠大叫做明。而沒有聽說把聽龐大樂隊演奏亂糟糟的曲子看作美妙的音樂,也沒有聽說把沉湎於奢華的場面、聲色之中的叫做聰明。」

「什麼叫美呢?對上對下、對內對外、對小對大、對遠對近都沒有害處,這才叫做美。如果把眼睛觀賞到的東西當作美,那就會耗費財富而使國庫空虛,這就好比是搜刮民眾的財富而讓自己富足,使百姓黎民窮困,還有什麼美可言呢?當國君的人,一定要與民眾和平共處,民眾貧困了,國君還有可能使自己富足嗎?而且私欲太多,德義就相應地減少了。而治國不施行德義,那麼近處的人會憂愁叛離,遠處的人也會抗拒違命。天子之所以尊貴,是因他公平地劃分等級,使人們能各司其職,而且有上進的可能。天子之所以能享有美名,是因為他推行德行於天下，使黎民百姓安康幸福，使諸侯和平共處。如果用聚斂民財的辦法來滿足自己的私欲，使民眾耗盡財富而失去了安樂，並因此產生叛離之心，這樣，作惡也是夠嚴重了，眼睛看上去美又有什麼用呢？」

「所以，我們的先王來造台只是為了用，或演習軍事，或觀測天象，因此台榭的大小只要是夠用就行了，而且注意建造的地方不侵奪農田，建造的費用不至於使國家的財用匱乏，建造事務不影響官員的日常政務，建造的時間也不妨害農業生產。所以他們是選用貧瘠的土地在上面建造它，利用修建城防剩下的木料，選擇官吏閒暇的時間去親臨工地監督，利用一年四季中的農閒季節派人建成它。就像《周詩》上說的：『開始建造靈台，經營它，建造它，百姓都來建造，不幾天就造成了。開始營建不著急，百姓齊都來效力。』建造台榭，是用以教百姓謀利益的，而不是建台使百姓貧困的。如果君王認為這座台很美而且這樣做是正確的，那楚國就危險了。」

貪婪者必亡

【名言】

楚其亡乎？不然令尹其不免乎？吾見令尹，令尹問蓄聚積實，如餓豺狼焉，殆必亡者也。

——《楚語下・子常問蓄貨聚馬斗且論其必亡》

【要義】

楚昭王時，子常為楚國令尹。這是一個以貪財受賄聞名於世的人，他憑藉自己的地位和權力，在國內殘酷地剝削百姓，在國外多次發動戰爭，掠奪財富。有一次，楚大夫斗且在朝廷上見到令尹子常，子常問他聚集財富和駿馬的事。斗且回到家對他弟弟說：「楚國大概要滅亡了！如果不滅亡，令尹大概也免不了禍難吧。我碰見令尹，令尹問我怎樣積聚財寶，簡直像飢餓的豺狼一樣，恐怕是一定要敗亡了。」

德與財是一對對立統一的名詞。在我國古代，對於德與財主要的觀點是以德為本，以財為末，講究財散而民心聚，財聚而民心散。道德是立國的根本，道德一旦淪喪，想失而復得是極為困難的；而財富是枝葉，去了還會復生。如果統治者重視道德而不爭利於民，讓財富藏於民間，這樣國家才能財用無缺，蒸蒸日上；而如果反之，統治者輕德而重財，施聚斂劫奪之政於民，把財富集中到自己手中而不管百姓死活，那麼百姓就會與其離心離德，甚至起而反抗。斗且正是根據這一思想分析子常其人，洞察楚國的危難，顯示了他的遠見卓識。

【故事】

有一次，楚大夫斗且在朝廷上見到令尹子常，子常問他聚集財富和駿馬的事。斗且回到家對他弟弟說：「楚國大概要滅亡了！如果不滅亡，令尹大概也免不了禍難吧。我碰見令尹，令尹問我怎樣積聚財寶，簡直像飢餓的豺狼一樣，恐怕是要敗亡了。古時候積聚財物不妨害民眾衣食的利益，聚集馬匹也只是為了滿足行軍作戰，而不損害民眾的財用。作為公卿，國家已給予了適當的俸祿，足以家用就可以了，不應超過限度去過分要求。財富和馬匹聚斂過多，民心就會離散，民眾的生活缺乏，就會產生逃亡背叛的思想，那我們用什麼來立國呢？」

「從前的令尹子文，家裡沒有一點積蓄，就是因為他太體恤民眾了。連楚成王都知道他家常常是吃了上頓沒有下頓，於是就在每次朝上見面時準備一塊乾肉、一筐糧食送給子文。有人對子文說：『人活在世界上就是為了富貴，而您卻逃避富貴，這是什麼緣故呢？』子文回答說：『從政為官的人，是保護民眾的。民眾大多空無餘財，而我卻榨取財富，這是勞苦了民眾，養肥了自己，這樣離死亡就沒有幾天了，我是逃避死亡的災禍，而不是逃避富貴呀！』

「現在的令尹子常輔佐楚王，卻在四方都沒有好名聲。民眾的貧困飢餓一天比一天嚴重。四周邊境都佈滿了營壘，道路上餓死的人一個接著一個，官吏與盜賊結夥，百姓無所依靠。他對這種情況不去體恤，反而大肆搜刮財富卻不滿足，招致民眾的怨憤太多了。他積聚的財物愈多，積蓄的怨恨也就愈深，不滅亡還等待什麼呢？」

「對待民眾心中的憤怒，要像提防大河一樣，一旦河堤潰決，造成的破壞是非常嚴重的。子常的下場會比成王、靈王好嗎？成王不遵禮法想廢黜穆王，後來被迫自殺了；靈王不顧民眾的死活，全國人民都拋棄了他，就像行人遺棄自己的腳印一樣。子常執掌楚國的大政，但是他行事不合禮法，不顧民眾死活的程度比成王、靈王更嚴重，他獨自一個人有什麼力量抵禦禍患呢？」

一年以後，就爆發了吳楚之間的柏舉之戰，子常逃亡到鄭國，楚昭王逃亡到隨國。

夫差自敗

【名言】

吾聞夫差好罷民力以成私好，縱過而翳諫，一夕之宿，台榭陂池必成，六蓄玩好必從。夫差先自敗也已，焉能敗人。子修德以待吳，吳將斃矣。

——《楚語下．藍尹亹（亹音ㄨㄟˇ）論吳將斃》

【要義】

罷，通「疲」。翳（翳音ㄧˋ），掩蓋、遮蔽。陂（陂音ㄆㄛ），池塘。六畜，原指馬、牛、羊、豬、狗、雞六種家畜，此指聲色犬馬之類的玩物。玩好，指珠玉珍寶等玩物。

吳王夫差繼承其父親闔閭的事業之後，吳國更加強大。楚國令尹子西認為，吳王闔閭的軍隊曾打敗過楚軍，現在夫差比闔閭更厲害，因此很擔心楚國的命運，禁不住在上朝的時候嘆氣。但是大夫藍尹亹不贊成子西的看法，他從「憂患可以興國，逸樂足以亡身」的觀點出發，從對吳國君王父子的對比中，得出了相反的結論，他認為吳王闔閭由於生活儉樸，行為端正，恤民疾苦，禮賢下士，過而能改，因而取得國富民強、擊敗強大的楚國的成效。而其子夫差即位後，濫用民力，驕縱奢侈，拒諫遠賢，貪圖享樂，吳國雖然貌似強大，但必將由強轉弱，由奢而敗，形成自喪其國的結局。

【故事】

楚國的令尹子西在上朝的時候唉聲嘆氣的，大臣們都感到很奇怪。

大夫藍尹亹（亹音ㄨㄟˇ）說：「我聽說君子只有在思考前代的興衰成敗時，或者在哀悼、殯葬、發喪之時，才發出嘆息之聲，在其他時間很少長吁短嘆。今天您臨朝執政卻嘆息連連，是為了什麼呢？」

子西說：「吳王闔閭能打敗我們的軍隊，闔閭去世了，我聽說他的繼承人比他還厲害，我所以嘆息。」

藍尹亹回答說：「您應該擔心的是能否修身行德政，不必擔心吳國。吳王闔閭不貪美味佳餚，耳不喜聽淫逸之聲，目不貪看美色，身體不貪圖安逸，從早到晚勤勞國事，體恤關懷百姓的疾苦，聽到一句善言就有受寵若驚的感覺，得到一位賢士就像得到獎賞一樣，有了錯誤就改正，有了不好的地方就憂懼，所以能夠深得民心，而實現了打敗楚國的願望。現在我聽說夫差並不是這樣，他喜歡濫用民力來滿足自己的私欲，放縱自己的過失，拒絕賢臣的進諫，即使在一個地方只是暫住一晚上，樓台亭榭、池塘花園也一定要建築好，聲色犬馬、珠寶玉器必須隨從。夫差這樣做是自己打敗自己，哪裡還有力量去打敗別人呢？您只要安心修治德政，靜靜地冷眼觀察吳國，吳國必將會滅亡的。」

藍尹亹的分析是深刻而正確的，吳國的歷史發展正是像他所預見的那樣，夫差驕橫奢侈，被越王勾踐打敗，不但無力去攻打楚國，反而身死國破。

人才為寶

【名言】

明王聖人能制議百物，以輔相國家，則寶之；玉足以庇蔭嘉谷，使無水旱之災，則寶之；龜足以憲臧否，則寶之；珠足以禦火災，則寶之；金足以禦兵亂，則寶之；山林藪澤足以備材用，則寶之。

——《楚語下．王孫圉論國之寶》

【要義】

憲，顯示、昭示。臧，好、善。臧否（臧否音ㄗㄤ ㄆㄧˇ），指吉凶與否。金，金屬。春秋時期一般用青銅做兵器，所以這裡指青銅。藪（藪音ㄙㄡˇ），指水草豐茂的沼澤。嘩囂，指喧嘩、輕浮、放肆。

晉國大夫趙簡子在歡迎楚國大夫王孫圉的宴會上，故意把身上的佩玉弄得叮噹響，以此來炫耀自己的豪華生活。這種以玉為寶、以奢華為榮、自鳴得意的表現，正反映了當時那些一味講究個人享樂、置國家利益於不顧的達官貴族的思想和生活。王孫圉針對趙簡子的言論和做法，說楚國以人才為寶，而以物質財富為寶，至於叮噹作響的美玉玩物之類是不值得寶貴的。

什麼是寶，不同的人有不同的理解。追求財物的人，以美玉為寶，玩物而喪志。王孫圉針對趙簡子以玉為寶的看法，先聲奪人，以一句「未必為寶」加以針鋒相對的否定，接著又論述了追求治國的人應該以賢才為寶，以有利於國家、人民的物質為寶。王孫圉作為使者，他的回答不卑不亢，既闡明了自己不同的看法，婉轉地批評了對方；同時又堅持立場，讚美了自己的國家，話講得十分得體，這是值得我們借鑑和學習的。

【故事】

王孫圉到晉國訪問，晉定公設宴款待他。趙簡子在一旁陪宴時，故意把身上的佩玉弄得叮噹作響。趙簡子問王孫圉（圉音ㄩˇ）說：「楚國的美玉白珩（珩音ㄏㄥˊ，掛在上身的玉）還在嗎？」

王孫圉回答說：「還在。」簡子又問道：「它作為寶物，已有多少代了？」

王孫圉說：「楚國從來沒有把它當作寶物。楚國所寶貴的，是有一位名叫觀射父的大夫，他善於外交辭令，能到各諸侯國去辦事，使他們無法把我們國君作話柄。又有左史倚相，能陳述先王典籍，解說各種事物，時時向我們國君提供前人興衰存亡的事例，使我君不忘記先王的事業，又能取悅於上下神靈，順從鬼神的意志行事，使它們對楚國沒有怨恨。還有一個視為國寶的大沼澤叫雲連徒洲，是金、木、竹、箭的產地，又是龜甲、珍珠、獸角、象牙、獸皮、犀革、鳥羽、獸毛等物資的來源。這些物產既可供給軍用，防範意外事件，又可做帛幣，還可以用來招待和饋贈諸侯。倘若與諸侯締結盟好的禮品具備了，又用適合的外交辭令去疏通，有了預防意外事件的準備，又得到神靈的保佑，那麼我們國君就可以與諸侯和睦相處，而國家和人民也就可以得到安寧了。這些就是我們楚國的國寶，至於白珩，那只是先王的一個玩物，有什麼值得寶貴的呢？」

「據我所知，國家的寶貝不過六種罷了。那些賢明的國君和有才能的賢人能創制禮法，評斷各種事物，我們把這些能治理國家的人當作寶貝。祭祀用的玉器如果足以庇護穀物的生長、豐收，讓國家沒有水旱災害，我們就把它當作寶貝。占卜用的龜甲，能夠表明吉凶的，就把它當作寶貝。明珠能夠防禦火災的，就把它當作寶貝。銅等金屬能夠製作兵器，防禦戰亂的，就把它當作寶貝。那些山林沼澤能夠生產物品以備財用的，就把它當作寶貝。至於那發出喧囂雜亂聲音的美玉，我們楚國雖是蠻夷落後之地，也不會把它當作寶貝的。」

吳越不盟

【名言】

吳王夫差起師伐越，越王勾踐起師逆之。大夫種乃獻謀曰：「……夫謀必素見成事焉，而後履之，不可以授命。王不如設戎，約辭行成，以喜其民，以廣侈吳王之心……夫諺曰：『狐埋而狐搰之，是以無成功。』今天王既封殖越國，以明聞於天下，而又刈亡之，是天王無成勞也。」……申胥諫曰：「不可許也。夫越非實忠心好吳也，……為虺弗摧，為蛇將若何？」……吳王乃許之，荒成不盟。

——《吳語．越王勾踐命諸稽郢行成於吳》與《吳王夫差與越荒成不盟》

【要義】

素，指預先。履，指行、履行。授命，送命。約辭，謙卑的言辭。

行成，求得和約。廣侈，擴大、擴張。搰（搰音ㄏㄨˊ），挖出、掘出。

封殖，培植、扶植。刈（刈音ㄧˋ），剪除、割除。虺（虺音ㄏㄨㄟˇ），小蛇。荒，即空。

春秋後期，吳越逐漸發展成為我國東南部的兩個大國。由於土地接壤，利害攸關，兩國經常發生戰爭。周敬王二十四年（前四九六年），吳伐越，越王勾踐率軍抵抗，吳王闔閭戰死。吳王夫差即位後，立志報仇，他積極準備了兩年，終於在夫椒山大破越軍。越王勾踐以五千軍士退守會稽，保存實力，並接受大夫文種的建議，派諸稽郢以卑辭厚幣向吳國求和。吳國大夫伍子胥分析了吳、越兩國的客觀形勢，清醒地看到越國君臣都是有作為、得民心的人，吳國如果不趁自己有力量時殲滅它，將終為後患。可是吳王夫差好大喜功，在勝利面前沾沾自喜，根本聽不進伍子胥的勸告，接受了越國的求和，種下了亡國的禍根。

【故事】

吳王夫差調兵攻打越國，越王勾踐起兵迎擊它。

大夫文種向越王獻計說：「吳國與越國哪一個能取得勝利，事實上不用打仗也可以看得很清楚了。那伍子胥和華登挑選和訓練的吳國士兵，歷經戰爭，還沒有受到過挫敗。伍子胥、華登善於用兵，其他人也會得到他們的教化，形成練武的新風氣，我們未必能夠取勝啊。凡謀劃一件事，必預見它一定能成功，而後去實行，不可以拚命。你不如設兵自守，說些謙卑中聽的話向吳國去求和，讓吳國百姓高興，使吳王的野心一天比一天大，因而產生驕傲麻痺思想。我們正可以藉這件事卜一下天意，天意如果要拋棄吳國，吳人一定會答應我們求和，認為越國不值得擔心，必定不把吳越的邊事當作重要問題，而放鬆對越國的戒備轉向中原與楚國爭霸去了。這樣，等到吳國百姓被戰爭拖得疲憊不堪，如果再遇上天災歉收，那麼，吳國就不足懼了，我們就可以有把握打敗吳國，安安穩穩地收拾殘敗局面。」越王同意了文種的謀劃，就命令大臣諸稽郢到吳國去求和。

諸稽郢到吳國之後，對吳王說：「我們的國君勾踐派下臣諸稽郢前來，不敢公開按外交禮節向天王致敬，只敢私下請天王的執事人員轉達說：過去越國得罪了天王，天王曾經勞駕親征，本來想消滅勾踐，卻又寬恕赦免了他。君王對於越國可以說是有白骨生肉、起死回生的恩德啊！勾踐從來不曾忘記君王這莫大的恩賜啊！現在君王又調軍打算毀滅越國，其實這又何必呢？越國本來就是向吳國稱臣納貢的城邑呀。俗語說，狐狸埋的東西，狐狸又把它挖出來，所以沒有成效。君王既已扶植越國，您的英名早已傳遍天下，如果又把越國消滅，那不就使天王對越國的恩惠喪失了嗎？這樣，天下的諸侯如果想歸順天王，天王又用什麼事實去取信於他們呢？」

吳王夫差認為諸稽郢說得很有道理，於是告訴大夫們說：「我打算稱霸中原而討伐齊國，準備答應越國求和，你們不要違反我的計畫。倘若越國已改悔，我還有什麼要求呢？倘若他不改悔，我伐齊回來，再興師去伐越。」

伍子胥勸阻說：「不能答應越國的求和。越國並不是誠心和吳國友好，也不是畏懼我們甲兵的強大。越國大夫文種勇敢而善謀，他是打算把吳國放在股掌之上玩弄，來達到他滅吳的心願。他們本來就知道您崇尚武力，並且好勝，所以說些卑順恭維的話，好使您放逸心志，對中原各國去逞威享樂，自取滅亡。他們想使吳國軍隊疲憊，百姓反叛逃亡，國力日漸削弱，然後安穩地收拾我們的殘局。越王好信義，愛百姓，四方都歸順他。遇上收成良好，國勢就會蒸蒸日上。趁我們現在還能打敗他們的時候，就要抓緊時機消滅它。如果還是小蛇時不打死牠，長成了大蛇，那可怎麼辦呢？」

吳王夫差說：「伍大夫為什麼把越國看得那麼高？越國能成為我們的大患嗎？如果沒有越國，那麼春秋兩季檢閱軍隊時，我們將向誰去耀武揚威呢？」於是就允許越國的求和。

將宣誓締約時，越王又派使者諸稽郢推辭說：「如果以為立盟儀式是有好處的話，那麼上次盟誓時，留在嘴上的血跡還沒有乾，足夠取信了。如果認為盟誓儀式是沒什麼意思的話，那麼大王就捨棄武力威脅而駕臨役使我們就行了，何必對鬼神如此重視而對自己這樣輕視呢？」吳王就答應了越王，只在口頭上憑空講了些和議條件，沒有舉行歃血立盟誓的儀式。

勾踐滅吳

【名言】

勾踐說於國人曰：「寡人不知其力之不足也，而又與大國執仇，以暴露百姓之骨於中原，此則寡人之罪也。寡人請更。」……去民之所惡，補民之不足，然後卑事夫差，……勾踐之地，南至於勾無，北至於御兒，東至於鄞，西至於姑蔑，廣運百里。……十年不收於國，民俱有三年之食。國之父兄請曰：「昔者夫差恥吾君於諸侯之國，今越國亦節矣，請報之。」……勾踐既許之，乃致其眾而誓之曰：「寡人聞古之賢君，不患其眾之不足也，而患其志行之少恥也。……今寡人將助大滅之。」……敗吳於囿，又敗之於沒，又郊敗之。……遂滅吳。

——《越語上．勾踐滅吳》

【要義】

說，告知、解說。執，造成、結下。中原，指原野，即戰場上。更，改正。廣，指東、西之間的距離。運，指南、北之間的距離。節，節度，指已經具有一定的規模。

周敬王二十六年（前四九四年），越王勾踐在夫椒之戰中被吳王夫差打敗後，忍受奇恥大辱，屈膝向吳國求和，後來經過以發展、繁衍人口為主的十年生聚，以知恥、明義為主的十年教訓，臥薪嘗膽，奮發圖強，終於在周元王三年（前四七三年）滅了吳國。表現了越王勾踐在困難危亡面前的自尊、自強、忍辱負重的精神。

在這個長達二十多年的艱苦、複雜的政治爭鬥過程中，作者取材精當、詳略有致，透過三個最具代表性的事件，使這一時期的歷史風雲盡顯在我們眼前。

第一個事件是越王勾踐派大夫文種透過向吳國太宰伯嚭行賄的手段，卑躬屈膝地向吳國求和。而吳王夫差驕傲自滿，不顧伍子胥的反對，允許了越國的求和，種下了亡國滅身的禍因。

第二個事件是越王勾踐利用求和得來的機會，卑事夫差，招攬人才，改革內政，臥薪嘗膽，經過以發展、繁衍人口為主的十年生聚，以知恥、明義為主的十年教訓，終成強國。

第三個事件是越王勾踐滅亡吳國，報仇雪恥，以及吳王夫差死前的悔悟，給我們留下深刻的教訓和思考。文章主要運用對話的形式，展現了眾多不同性格的人物，如越王勾踐的忍辱負重、矢志不渝；吳王夫差勝利時的驕傲自滿、失敗時的痛苦自省；文種的不畏強暴、柔中有剛；伍子胥的深謀遠慮，忠耿正直；伯嚭的貪財忘義、別有用心，無不栩栩如生，入木三分，不愧是《國語》中的名篇。讀者細細讀來，必當獲益良多。

【故事】

越王勾踐被吳王夫差打敗後，退守在會稽山上。於是他向三軍傳令號召說：「凡是我的父老、兄弟及眾百姓，有能幫助我出主意擊退吳國軍隊的，我就跟他共同管理越國的政事。」

大夫文種進見越王，說：「我聽說，老謀深算的商人在夏天就囤積冬天需要的皮貨，在冬天就收集夏天穿的細麻布，在旱季已想到準備舟船，在大雨成災時預先準備車輛，這些都是等以後缺貨時用來賺錢的呀！一個國家即使平時沒有鄰國的侵擾，但是足智多謀的臣子和勇敢善戰的將士卻不可不加以培養，以備隨時選擇錄用，好比蓑衣笠帽，雨季到了，一定要尋出來用它避雨。現在您已經退駐會稽山上，這才想起訪求謀臣，未免太遲了吧？」

勾踐說：「如能聽到大夫您的高見，有什麼遲呢？」於是握著文種的手，跟他商量國家大事和退吳之策。

越王派文種向吳國求和，說：「我們國君勾踐沒有合適的人可以派遣，只好使他的小臣文種前來，文種不敢高聲把意見告訴天王，只能低聲下氣地請您手下轉達：敝國的軍隊已不值得您親自來討伐了，勾踐願把他的金玉、子女等作為禮物貢獻給您，以答謝您屈尊光臨敝國的盛意。敝國國君率領全國軍隊跟隨吳軍，一切聽憑您的指揮。如果您認為越國的罪行是不可赦免的，那麼我們將燒毀宗廟，把妻子兒女用繩索綁在一起，即使戰敗也不做吳國的俘虜，同時把金銀玉帛沉入大江，另外我們還有武裝部隊五千人，他們將為國拚死而戰，必然一人可抵兩人，因此就等於有一萬部隊與你們周旋，這不是也會傷害您吳王鍾愛的生命財產嗎？與其因為戰爭而殺傷人命，還不如坐享其成而得到越國！您看，二者哪樣有利呢？」

夫差要聽從文種的意見而與越國講和。伍子胥諫道：「不行！吳國和越國是互相仇視、互相敵對、互相征伐的國家，吳江、錢塘江、浦陽江三條江水將吳、越兩國環抱在中間，兩國人民無法遷移外逃，有吳國就沒有越國，有越國就沒有吳國，這種形勢將是不可改變的了。我聽說：『住慣陸地的人住陸地，住慣水鄉的人住水鄉。』中原那些國家，我們攻打而戰勝它們，卻不習慣居住它們的地方，不習慣乘它們的車輛。那越國呢，我們打勝它，就住得慣它的地，就會使用它的船。這是取得越國的好處，不能失去機會啊！您一定要消滅它。失去這個有利時機，以後縱使懊悔，也來不及了。」

越人打扮好八個美女，把她們送給吳國太宰伯嚭，並且說：「假使您赦免了越國的罪過，將有比這更美麗的女人送給您。」於是太宰伯嚭便向吳王進諫說：「聽說古代討伐別人的國家，只要使它歸順馴服罷了；現在越國已經服降，還有什麼要求呢？」夫差就跟越王講和，領兵離開了越國。

越王勾踐向本國人民解釋說：「我不知道自己力量的不足，又跟大國結仇，弄得許多百姓慘死在原野，這是我的罪過啊！請允許我改正！」於是安葬死難的人，慰問受傷的人，養育活著的人，弔唁有喪事的人家，慶賀有喜事的人家，歡送遷往他方的人，歡迎來到越國的人。廢除人民所厭惡的苛政，幫助百姓解決實際困難。然後低聲下氣地服侍夫差，派遣三百名士人到吳國做臣僕，勾踐親自充當夫差的馬前小卒。

當時，勾踐的領土，南邊到勾無，北邊到御兒，東邊到鄞（鄞音ㄧㄣˊ），西邊到姑蔑，縱橫百里。他被吳王夫差釋放回國後，就召集國內的父母兄弟起誓說：「我聽說，古代的賢君，四方百姓歸順他，就像水往下流一樣。現在我還做不到這樣，打算率領你們各家各戶，加強生育工作，使國內人口盡快增長。」他命令：小夥子不准娶老婦人，老年人不准娶年輕的妻子；女兒到十七歲還不嫁人，那她的父母就有罪；男孩到二十歲還不娶妻，他的父母也有罪。如果百姓家死去嫡子的，就免除他家的三年賦稅和徭役；死去庶子的，免去三個月的賦役。而且勾踐一定親自前往弔喪，如同對待自己的親生兒子一樣。又命令孤兒、寡婦、患病和貧困的人，把他們的兒子送給官府撫養。對於那些有名望的人，官家使他們住的地方非常整潔，使他們的衣服穿得漂漂亮亮，使他們的食物十分豐盛，從而與他們共同商議治國的道理。對於從四面八方來到越國有才能的人，一定在廟堂上宴饗他們。勾踐在船上裝著大米和肉類巡行各處，看到有流浪無歸的孩子，沒有不給糧食吃、不給水喝的。不是自己親手種的糧食他就不吃，不是他夫人所織的布做的衣服就不穿，十年當中不向國民收賦稅，老百姓每家都有三年的餘糧。

越國的父兄請求說：「從前，夫差在諸侯各國面前侮辱我們的國君，現在越國一切已經走上軌道了，請允許我們去報仇雪恥吧。」

勾踐辭謝說：「從前的戰爭失利，不是你們的過錯，而是我的罪過。像我這樣的人，哪裡懂得什麼叫做受了恥辱呢？請暫時不要打仗。」

大家又請求說：「越國疆域之內，百姓親敬我們的國君，如同親敬自己的父母一樣。做兒子的想報父母親的仇，做臣子的想報國君的仇，難道還有不盡力的嗎？請求再與吳國決一死戰！」

勾踐同意了大家的要求，就召集民眾並表示決心說：「我聽說古代的賢君不愁士卒的不足，而擔心的是士卒缺乏自強的精神。如今夫差擁有穿著皮鎧甲的士卒十萬三千人，他沒有把他們的思想志向當一回事，反而還在考慮士卒人數的不足。現在我將幫助老天把他消滅掉。我不贊成個人逞能的匹夫之勇，要求步調一致，同進同退。前進時就想著努力立功，後退時應想到將遭受處罰，這樣做就會得到一定的賞賜。而如果進不聽令，退不知恥，這樣做就會受到一定的懲罰。」軍隊出發了，全國人民都互相勸勉，父親勉勵兒子，哥哥勉勵弟弟，妻子勉勵丈夫，說：「誰能有我們這樣好的國君啊，難道能不為他效死作戰嗎？」因此，在囿地打敗了吳國軍隊，接著在沒地又打敗了它，最後又在吳國首都的城郊使吳軍吃了大敗仗。

夫差向勾踐求和，說：「我們的殘兵敗將已經不值得您親自討伐了！願把金玉、子女獻給越國以答謝您的屈尊光臨。」

勾踐回答說：「先前上天把越國授予吳國，但是吳王不接受；現在上天又是把吳國授予越國，越國難道可以不聽天命，而聽你的命令嗎？請讓我把你送到甬、勾以東去，我和你像兩個國君一樣，如何？」

夫差回答說：「從禮節上講，我對你越王已經先有過小小的恩惠了。你假若不忘記吳國是周王的後裔，看在周王的情分上，讓越國做吳國的宗主國，使吳國受到越國的庇護，也是我的願望。你如果說：『我將摧殘你的社稷，毀滅你的宗廟。』那我就只好請求一死，我還有什麼面目去見天下人呢？就請你越王帶領軍隊進駐吧！」於是勾踐就滅掉了吳國。

范蠡治國

【名言】夫國家之事，有持盈，有定傾，有節事。……持盈者與天，定傾者與人，節事者與地。

——《越語下·范蠡佐勾踐滅吳》

【要義】持盈，指保持盈滿，意為保持國家強盛。定傾，指穩定不發生傾覆，意為使國家轉危為安。節事，指節制人事，即治理國家政事要有所節制。

這段話的意思是：治理國家有三項方略，國勢強盛時要設法保持下去，國家傾覆時要設法轉危為安，平時治理國家政事時要有所節制。……要保持國勢的強盛就必須順應天道，要使國家轉危為安就必須順應人道，要治理國家政事有所節制就必須順應地道。

周敬王二十六年（前四九四年），吳越夫椒之戰越國失敗後，范蠡陪越王勾踐夫婦一起到吳國為奴僕，備嘗艱辛，後來越王勾踐被釋放回越，他又留在吳國做了兩年人質。回到越國後，為了指導越國轉危為安，由弱變強，范蠡向越王勾踐提出「持盈」、「定傾」、「節事」三項治國方略。

這段話體現了范蠡的哲學思想和政治才能，范蠡認為天時、天道隨著陰陽二氣的矛盾而轉化，而這種轉化是有規律的，人必須順應這種規律，而不能強求。首先，「持盈者與天」。國勢的盛衰是在不斷地變化中的，治國者必須順應國勢盛衰的規律，爭取向有利的方向發展，保持國家的強盛。其次，「定傾者與人」。即使國家發生了傾危，也不必驚慌失措，要順應人事發展的規律，凝聚人心，穩定局勢，力爭轉危為安。第三，「節事者與地」。平時治理國家政事時，要採取適當的、有節制的、有利於百姓的政策措施，發展生產，增殖人口，力爭使國力由弱變強。而後來，越國由衰亡轉強盛、擊敗強大的吳國的事實證明，范蠡的觀點是正確的。

【故事】

越王勾踐繼承王位後的第三年就想去討伐吳國，范蠡進諫說：「現在還不能和吳國開戰，我們首先要把自己的國家治理好。治理國家有三項方略，國勢強盛時要設法保持下去，國家傾覆時要設法轉危為安，平時治理國家政事時要有所節制。」

越王問：「要做到這三點，應該怎麼辦呢？」

范蠡回答說：「要保持國勢的強盛就必須順應天道，要使國家轉危為安就必須順應人道，要治理國家政事有所節制就必須順應地道。天道盈滿但不外溢，盛大但不驕縱，做了很多但不自誇其功。明智的人順應天時而行動，這就叫守時。現在我們的國力還不強盛，敵國也沒有天災人禍可以供我們利用，如果貿然發動進攻、挑起戰爭是違背天意而失去人和的。君王如果這樣做，將會危害國家，也會損害君王自身的。」越王不聽，起兵討伐吳國，結果在五湖被吳軍打敗，只得退守在會稽山上。

越王趕緊召見范蠡，向他請教說：「我沒有採納您的意見，所以落到這個地步，現在該怎麼辦呢？」

范蠡回答說：「事已至此，君王也不必驚慌。國家傾危之際，要使國家轉危為安，必須順應人道。」

越王問：「順應人道，該怎麼辦呢？」

范蠡回答說：「現在應該用謙卑的言辭、恭敬的禮節去求和；把珍貴的財物、美麗的歌女奉獻給吳王。千方百計地和吳國講和，即使您親自去當奴僕也在所不惜。」

越王說：「好吧。」於是派大夫文種到吳國去求和，並接受了吳國讓越王去吳國侍候吳王的屈辱條件。在范蠡的要求下，越王命令大夫文種在國內留守，自己與范蠡到吳國去給吳王做奴僕。

過了三年，吳國人釋放他們回國，到了越國，越王向范蠡請教說：「我現在要使吳國強大起來，應該怎麼辦呢？」

范蠡回答說：「要有節制地處理政事，順應地道。只有大地能包容萬物成為一個整體，對於萬物不論好的壞的，都一視同仁地讓其生長，使任何事物都不失時令。時令不到，不可勉強萬物生長，人事不到變化時刻，也不可勉強急於求成。所以我們要順應自然，耐心等待把不利局面扭轉過來的機會。在國境之內，君王應該開闢荒地，增加良田，與百姓同耕共織，教育農民樂於農事，不干擾他們的生產勞動，不違背農時，使國庫的財富和倉庫的糧食充實，老百姓的生活殷實富足。這樣百姓就有條件繁衍滋生，使人丁興旺，兵力充足。在國境之外，對付敵國的控制，我們要依照陰柔陽剛的常規，以柔克剛，切忌輕舉妄動，做到表面柔順而內心不屈服，只有這樣，才能使吳國放鬆警惕，而犯下錯誤。」

由此，越王勾踐在范蠡輔佐下，苦心勤力，經過二十餘年的臥薪嘗膽，越國由衰亡轉強盛，終於一雪會稽之恥，滅掉了強大的吳國。

中國四大美女新傳

01	壹 沉魚篇 -- 西施	張雲風	定價：260元
01	貳 落雁篇 -- 王昭君	張雲風	定價：260元
01	參 閉月篇 -- 貂蟬	張雲風	定價：260元
01	肆 羞花篇 -- 楊貴妃	張雲風	定價：260元

智慧中國

01	莊子的智慧	葉　舟	定價：240元
01-1	莊子的智慧 - 軟皮精裝版	葉　舟	定價：280元
02	老子的智慧	葉　舟	定價：240元
02-1	老子的智慧 - 軟皮精裝版	葉　舟	定價：280元
03	易經的智慧	葉　舟	定價：240元
03-1	易經的智慧 - 軟皮精裝版	葉　舟	定價：280元
04	論語的智慧	葉　舟	定價：240元
04-1	論語的智慧 - 軟皮精裝版	葉　舟	定價：280元
05	佛經的智慧	葉　舟	定價：240元
06	法家的智慧	張　易	定價：240元
07	兵家的智慧	葉　舟	定價：240元
08	帝王的智慧	葉　舟	定價：240元
09	百喻經的智慧	魏晉風	定價：240元
10	道家的智慧	張　易	定價：240元
10-1	道家的智慧 - 軟皮精裝版	張　易	定價：280元
11	菜根譚大智慧	魏晉風	定價：280元
12	心經的智慧	何躍青	定價：240元

中華經世方略

01	權商合璧 -- 呂不韋投機方略	秦漢唐	定價：230元
02	武霸天下 -- 秦始皇創業方略	秦漢唐	定價：230元
03	亂世奸雄 -- 曹操造勢方略	秦漢唐	定價：230元
04	楚漢爭霸 -- 劉邦用人方略	秦漢唐	定價：230元
05	貞觀盛世 -- 李世民創世方略	秦漢唐	定價：230元
06	紅顏至尊 -- 伍則天統馭方略	秦漢唐	定價：230元
07	鐵血建軍 -- 朱元璋成事方略	秦漢唐	定價：230元
08	外柔內剛 -- 雍正隱忍方略	秦漢唐	定價：230元
09	內聖外王 -- 曾國藩用世方略	秦漢唐	定價：230元
10	紅頂商人 -- 胡雪巖經商方略	秦漢唐	定價：230元

先秦經典智慧名言故事

張樹驊主編　　沈兵稚副主編

給國、高中生最佳的課外讀物，短期內提升國學程度的經典

01	《老子》《莊子》智慧名言故事	林忠軍	定價：240元
02	《孫子兵法》智慧名言故事	張頌之	定價：240元
03	《詩經》智慧名言故事	楊曉偉	定價：240元
04	《周易》智慧名言故事	李秋麗	定價：240元
05	《論語》智慧名言故事	王佃利	定價：240元
06	《孟子》智慧名言故事	王其俊	定價：240元
07	《韓非子》智慧名言故事	張富祥	定價：240元
08	《禮記》智慧名言故事	姜林祥	定價：240元
09	《國語》智慧名言故事	牟宗豔	定價：240元
10	《尚書》智慧名言故事	張富祥	定價：240元

國家圖書館出版品預行編目資料

《國語》智慧名言故事 / 牟宗豔 編

-- 一版. -- 臺北市 :廣達文化，2010.05

; 公分. - (經典智慧名言叢書：09)（文經閣）

ISBN 978-957-713-434-9 (平裝)

1. 國語 2.格言 3.通俗作品

621.77 99003032

本書感謝齊魯出版社授權出版

經典智慧名言叢書：09

《國語》智慧名言智慧

編者：牟宗豔

主編：張樹驊
副主編：沈冰稚

文經閣
出版者：廣達文化事業有限公司
Quanta Association Cultural Enterprises Co. Ltd

發行所：臺北市信義區中坡南路路 287 號 4 樓
電話：27283588　傳真：27264126
E-mail：siraviko@seed.net.tw

本公司經臺北市政府核准登記 登記證為局版北市業字第九三二號
印　刷：卡樂印刷排版公司　　　裝　訂：秉成裝訂有限公司

代理行銷：創智文化有限公司
臺北縣中和市建一路 136 號 5 樓　電話：22289828　傳真：22287858

一版一刷：2010 年 04 月

定　價：240 元

文經閣

貧者因書而富

富者因書而貴

文經閣

貧者因書而富

富者因書而貴